발견의 역사

글쓴이 팀 쿡(Tim Cooke)
팀 쿡은 25년 이상 아동 및 성인 논픽션을 집필한 베스트셀러 작가이며 편집자입니다. 특히 대중 과학과 역사 분야에 특징을 가지고 있습니다.

그린이 드루 바다나(Drew Bardana)
드루 바다나는 미국 퍼시픽 노스웨스트 대학에서 예술학을 전공하고, 1950년대 빈티지 감각을 현대적 모던 감성으로 재해석한 시각적 영감을 모티브로 활동하는 일러스트레이터입니다. 특히 유기적 모양, 예술적 질감 그리고 선명한 색상을 사용하며 전통적 미디어와 디지털 미디어를 혼합 탐구하는 것이 특징입니다.

옮긴이 윤영
서울대학교 미학과를 졸업하고 같은 대학원에서 고고미술사학과를 수료하였습니다. 옮긴 책으로는 『발명의 역사: 세상을 바꾼 놀라운 아이디어들』, 『아무도 본 적이 없는 무시무시한 공룡들』, 『광활한 우주 대탐험: 행성과 은하계를 넘어』, 『날개가 바꾼 역사』, 『바퀴가 바꾼 역사』, 『암호 클럽 16: 맷이 보낸 SOS』, 『토이 스토리 3』 등 다수가 있습니다.

초판 1쇄 펴냄 2023년 6월 10일
초판 2쇄 펴냄 2024년 6월 10일

글쓴이 팀 쿡
그린이 드루 바다나
옮긴이 윤영
펴낸이 김대현
펴낸곳 아이위즈
등록 1991년 2월 22일 제2-1134호
주소 서울시 강서구 양화로 738, 한강G트리타워 613호
전화 (02)2268-6042 / 팩스 (02)2268-9422 / 홈페이지 www.athenapub.co.kr
ISBN 979-11-86316-34-4   73500

The Book of Discoveries Written by Tim Cooke and illustrated by Drew Bardana
Text, design and illustration © 2021 Welbeck Children's Limited, part of Welbeck Publishing Group
Science Museum ® SCMG
Produced under licence for SCMG Enterprises Ltd.

Korean translation rights © 2023 Athena Publishing Inc.(IWIZBOOKS Co.)
All rights reserved.
Published by arrangement with Welbeck Publishing Group Limited through AMO Agency

이 책의 한국어판 저작권은 AMO 에이전시를 통해 저작권자와 독점 계약한 ㈜도서출판 아테나에 있습니다. 저작권법에 의해 한국 내에서 보호를 받는 저작물이므로 무단 전재와 무단 복제를 금합니다.

아이위즈 iWizbooks는 ㈜도서출판 아테나의 브랜드입니다.
책값은 표지에 있습니다. 잘못된 책은 바꾸어 드립니다.

주의! 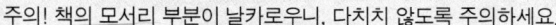책의 모서리 부분이 날카로우니, 다치지 않도록 주의하세요.

㈜도서출판 아테나·아이위즈의
다양한 도서를 만나보세요.

영국 과학박물관 공동출간

SCIENCE MUSEUM

발견의 역사

세상을 바꾼 놀라운 발견들

글 **팀 쿡**
그림 **드루 바다나**
번역 **윤영**

Contents

들어가며 ... 6

1
무언가를 움직이게 하는 것
힘

자기	10
중력	12
운동법칙	14
전기	16
전자기	18
빛의 성질	20
에너지 보존	22
전파	24
공기역학	26

2
생명의 구성 요소
생물학

세포	30
유전	32
진화	34
DNA	36
광합성	38
생물 분류	40
공룡	42
최초의 인간	44
영장류의 행동양식	46

3
건강하게 살기 위해
의학

혈액순환	50
세균설	52
비타민 C	54
예방 접종	56
위생	58
항생제	60
진통제	62

4

슈퍼 사이언스
수학 & 화학

0(영)	66
컴퓨터 언어	68
대수학	70
공기의 성질	72
주기율표	74
방사능	76
원자설	78
핵분열	80

5

태양에서 세 번째 행성
지구

대륙 이동	84
기후 변화	86
자연보호	88
해류	90

6

우리 행성 너머에
시간 & 공간

행성 운동	94
은하	96
암흑 물질	98
블랙홀	100
중력파	102

이 다음 발견은?	104
연대표	106
용어사전	108
더 알아보기	110
찾아보기	111

공기역학

공룡

들어가며

발견이란 뭘까요? 바로 처음으로 무언가를 관찰하거나, 알게 되거나, 밝혀내는 걸 말해요. 하지만 그 '무언가'가 '아무거나'는 아니에요. 그러니까 '아침식사'가 프랑스어로는 무엇인지 공부하는 것, 가장 가까운 슈퍼마켓이 어디 있는지 알아내는 건 발견이 아니라는 거죠. 발견은 몰랐던 걸 배우는 게 아니에요. 언제나 거기 존재하면서 발견되기를 기다리고 있지만 아무도 몰랐던 걸 알아내는 거지요.

나무에서 떨어지는 사과를 생각해 봐요. 사과가 땅으로 떨어지는 건 누구나 알죠. 하지만 그게 왜 떨어지는지는 1660년대까지 아무도 몰랐어요. 당시 영국 과학자 아이작 뉴턴은 어떤 힘이 사과를 땅으로 끌어당긴다고 생각했고 그 힘에 중력이라는 이름을 붙였어요. 그리고 그는 수학을 이용하여 이 중력이 모든 곳, 모든 것에 적용된다는 사실을 보여주었죠.

다른 많은 발견들과 마찬가지로, 중력 역시 별안간 '짜잔!' 하고 등장한 게 아니었어요. 이 주제에 대해 궁금해 했던 게 뉴턴이 처음도 아니었고요. 갈릴레오 갈릴레이 같은 과학자들은 이미 낙하하는 물체에 대한 개념을 탐구해 왔어요. 뉴턴 역시 원래부터 움직이는 물체를 연구하는 수학적 방법 중 하나인 미적분학을 연구하고 있었기에 거기에서 영감을 얻을 수 있었어요. 사과가 뉴턴에게 어떤 도움이 되었을지도 모르겠지만, 실

대수학

방사능

제로 그 '대단한 발견'은 이전 과학자들이 통찰력을 바탕으로 다져놓은 여러 단계 중 하나였을 거예요.

우연한 발견

과학적 발견과 관련된 가장 유명한 이야기는 역시 뉴턴의 사과겠지만, 이 외에도 다양한 사람들의 다양한 발견 이야기가 많이 있답니다. 흔히 몇 년 동안 열심히 연구하고 교육받은 과학자들만이 중요한 발견을 할 수 있을 거라고 생각하기 쉽지만, 실제론 그렇지 않아요. 실제로는 우연히 뭔가를 관찰하고 추론하다가 뜻하지 않게 무언가를 발견할 때가 많고, 여러분처럼 평범한 사람들이 발견한 것도 많답니다. (아, 물론 여러분이 천재가 아닐 거라는 이야기는 아니에요!)

우리 주변 세계를 이해하다 보면

어떤 것들은 너무 오래 전 일이라 누가 발견했는지 모르는 경우도 있어요. 불이 무언가를 태울 수 있다는 걸, 날고기를 익혀먹으면 더 맛있다는 걸 누가 맨 처음 알아냈을까요? 아마 우리 조상들 중 한 명이 산불에 탄 동물의 고기를 먹어보고 그 맛을 좋아했을 거예요. 또 시간이 한참 흘러, 아보카도를 바나나와 함께 저장하면 아보카도가 더 잘 익는다는 건 또 누가 알아냈을까요? 이렇게 모든 현상들은 서로 다른 시대에 발견되었어요. 물론 그 중에서는 다른 것들보다 더 중요한 발견이 있을 테고요. 이러한 발견은 우리 주변 세상의 다양한 현상들을 설명해줍니다. 그렇게 세상을 잘 이해하게 되면 우리 모두에게 유익한 기술의 발전도 가능하겠지요.

1.

무언가를 움직이게 하는 것

힘

우주의 모든 것들은 움직이고 있어요.
행성은 태양 궤도를 돌고, 사과는 땅에 떨어지고,
자석은 서로 끌어당기거나 밀어내고,
보이지 않는 파동이 공기를 통과해 흘러갑니다.
오랜 옛날부터 호기심이 많은 사람들은
이 모든 종류의 움직임과 현상을 만들어내는 힘에 대해 이해하려 했어요.
그리고 자기와 전기의 성질부터 빛이 전달되는 원리,
던진 곳으로 돌아오는 부메랑의 원리 등등
그들의 발견 덕분에 우리는 우주의 형태에 대해,
그리고 우리의 삶에 영향을 주는 여러 힘에 대해
제대로 이해할 수 있게 되었답니다.

자기

전설에 따르면 최초의 자석은 4,000년 전에 발견됐대요. 고대 그리스의 양치기가 자기 신발에 달린 쇠못과 지팡이가 특정한 바위(자철석)에 달라붙는 걸 알게 된 거죠. 그 양치기의 이름은 마그네스. 자기라는 뜻의 'magnetism'과 이 단어의 어원인 '자철석magnetite'이 어디에서 온 건지 바로 알겠죠?

이 이야기가 사실이든 아니든, 고대 그리스인들이 자석에 대해 알았던 것만은 확실해요. 그리스의 철학자 밀레토스의 탈레스는 자성을 띄는 물체는 철을 움직일 수 있다는 이유로 영혼이 있다고 믿었어요.

중국 사람들도 자석석으로도 불리는 자철석 조각을 보며 신비한 힘을 가진 '이끄는 돌'이라고 생각했어요. 사람들은 이 돌이 쇠붙이를 끌어당길 뿐만 아니라 건드리지 않고 가만히 두면 스스로 북쪽과 남쪽을 가리킨다는 걸 깨닫게 되었죠.

지구는 자체 자기장을 가지고 있고, 다른 자성을 띈 물체와 마찬가지로 북극과 남극이 있습니다. 그리고 자성을 띄는 자철석은 남극과 북극 방향을 나란히 가리키게 됩니다. 그래서 중국인들은 자철석으로 물고기, 거북이, 숟가락 같은 모양을 만들어 점을 칠 때 이용하기도 했어요.

실용적인 내비게이션

정확히는 알 수 없지만 10세기 무렵 중국 항해사와 12세기 무렵 스칸디나비아의 바이킹 선원들은 바다에서 길을 찾기 위해 자성을 띄는 바늘을 이용했어요.

물그릇에 짚을 띄우고 그 위에 이 바늘을 올리면 바늘은 어김없이 북쪽과 남쪽을 가리키지요. 일단 북쪽이 어디인지 알기만 하면 다른 방향도 바로 알 수 있어요.

배를 타고 멀리멀리

이제 항해사들은 방향을 찾기 위해 태양이나 별, 주요 지형지물에 의존할 필요가 없게 됐어요. 15세기부터는 나침반을 이용하여 더 멀리 항해하기 시작했고, 육지가 보이지 않아도 오랫동안 항해를 할 수 있었어요. 포르투갈 탐험가 페르디난드 마젤란은 1519년 세계 일주를 시작하면서 혹시 몰라 여분의 나침반 바늘을 여러 개 챙겼대요.

자성을 띄는 북극, 자북

1500년대 후반 영국의 의사 윌리엄 길버트는 나침반이 북쪽을 가리키는 이유를 알아내기 위해 지구 모형을 만들었어요. 그는 지구 내부에 거대한 자석이 있어서 지구 전체에 자기장을 만들어낸다고 생각했어요. 이후 과학자들은 지구의 가장 북쪽에 위치한 지리적인 '북극'과 자기장의 북극인 '자북'이 정확히 일치하지 않는다는 걸 깨달았어요. 심지어 자북은 조금씩 이동하기도 했지요. 그래서 1831년 영국 해군 장교 제임스 로스가 자북을 발견한 건 상당한 업적이었어요. 물론 그는 그곳에 큰 자석 바위 대신 얼음만 가득한 걸 보고 실망했지만요.

중력

사과나무 아래에 앉아있던 아이작 뉴턴이 떨어진 사과에 머리를 맞고 중력을 발견했다는 이야기는 무척 유명하죠. 물론 이 이야기가 사실이 아니라는 사람들도 있어요. 하지만 중요한 건 이전까지 무언가가 땅으로 떨어지는 걸 목격한 사람들은 수두룩한데 그 이유를 밝혀내려 한 사람은 뉴턴이 처음이라는 사실이에요.

이것이 뉴턴의 첫 발견은 아니었어요. 대학에서 졸업한지 얼마 안 된 1665년, 그는 수학 분야에서 위대한 발견을 했죠. 바로 끊임없이 변화하는 대상을 연구하는 방법, 미적분학을 정리한 거예요.

그러던 뉴턴은 사과가 왜 위나 옆이 아닌 꼭 아래로만 떨어지는지 궁금해 하기 시작했어요. 물론 중력이 미치는 영향에 주목했던 사람들은 있었어요. 예를 들어 이탈리아의 갈릴레오 갈릴레이는 낙하하는 물체의 속도를 연구했지요. 하지만 물체가 '왜' 떨어지는지 설명하는 사람은 아무도 없었답니다.

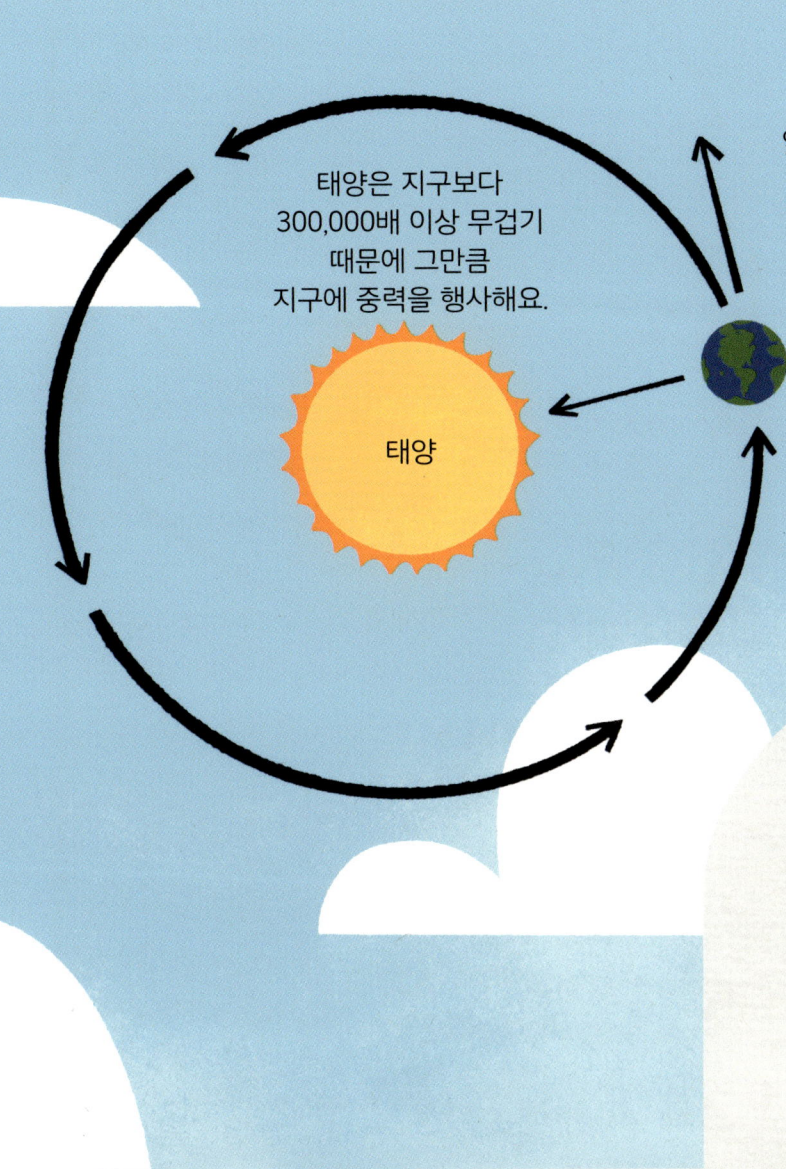

구는 사과를 땅으로 끌어당겨요. 태양은 멀리 떨어져 있음에도 불구하고 지구보다 훨씬, 훨씬 더 크기 때문에 그 중력이 지구를 궤도 안에 머물게 하는 거고요.

어디에나 있는 중력, 즉 만유인력의 발견은 엄청난 과학적 진보였고, 이 이론은 아직도 이용되고 있어요.

보이지 않는 힘

뉴턴은 갈릴레오의 논문을 읽어보았어요.

모든 자연 현상은 물질을 구성하는 작은 입자들 사이의 상호작용에서 비롯되었다고 주장하는 영국 철학자 르네 데카르트의 논문도 공부했고요.

뉴턴은 데카르트의 발상을 이용하여, 우주의 모든 물체는 다른 물체를 끌어당기는 힘을 발산하고 있다고 설명했어요. 그 힘, 바로 중력 때문에 사과가 땅으로 떨어지고 행성들이 태양 궤도를 돈다고 설명하는 거죠. 지구의 중력은 사과의 중력보다 훨씬 더 크기 때문에 지

어디에나 있어요

중력을 발견하지 수십 년 후인 1687년, 뉴턴은 만유인력의 법칙을 발표했어요. 그는 이 수학 공식으로 중력이 어떻게 이 우주 전체를 형성하게 되었는지 설명했어요. 그의 법칙에 따르면 모든 물체는 질량의 곱에 비례하고 중심 사이의 거리의 제곱에 반비례하는 힘으로 다른 물체를 끌어당깁니다. 즉, 중력의 세기는 서로 비교되는 두 물체의 크기와 서로 간의 거리에 따라 달라지는 거죠.

운동법칙

편평한 바닥에 공을 내려놓으면 공은 그 자리에 있어요. 그 공을 차면 공은 굴러가다 다른 데 부딪치거나 점점 속도가 느려지다 멈춰요. 만약 그 공이 다른 공과 부딪치면 두 공은 서로 반대 방향으로 튕겨 나가요. 지금 말한 것들은 모두 평범한 것들이지만 이 구르는 공이 보여주는 법칙은 말이 달리고 비행기가 나는 방법, 행성이 태양 궤도를 도는 이유에도 똑같이 적용될 수 있어요. 이 법칙의 발견은 우리 주변 세계를 이해하는 데에 크나큰 도움이 되어주었어요.

(12~13쪽에 나왔던) 아이작 뉴턴이 상당히 똑똑한 사람이라는 건 우리도 이미 알고 있죠. 16세기와 17세기 과학자들은 이 우주를 형성하는 자연 법칙을 밝혀내기 위해 열심히 세상을 관찰했고, 아이작 뉴턴은 이 과학 혁명 시대의 주인공 중 한 명이었죠.

운동 관찰하기

뉴턴은 여러 가지 관심사 중에서도 운동에 대해 특히 관심이 많았어요. 뉴턴만 그런 건 아니었어요. 이탈리아 천문학자 갈릴레오 갈릴레이 역시 멈춰 있거나 움직이는 사물은 외부의 힘이 작용하기 전까지 그 상태를 유지할 거라는 사실을 알고 있었어요.

뉴턴은 갈릴레오의 아이디어를 발전시키고 거기에 자신이 관찰한 정보를 추가하여 세 가지 법칙을 완성시켰어요.

1. 가만히 있거나 움직이는 물체는 외부의 힘이 가해지지 않는 이상 그 속도나 방향이 변하지 않는다.

이 법칙에 따르면, 공은 무언가에 부딪쳐 다른 방향으로 꺾이거나 마찰(외부의 힘) 때문에 느려지기 전까지는 일직선으로 굴러가요.

2. 물체를 움직이는 힘이 클수록 그 물체는 더 멀리, 더 빠르게 움직인다.

힘이 센 제트 엔진은 거대한 비행기를 공중에 날릴 수 있을 정도로 강력한 힘을 만들어내요. 이 힘이 크면 클수록, 비행기는 더 빠르게 날아가지요.

3. 모든 작용에는 크기는 같고 방향은 반대인 반작용이 존재한다.

말이 발굽으로 땅을 밀면, 땅은 반대로 말을 밀어내기 때문에 말이 앞으로 움직일 수 있는 거예요.

사실상 세상의 모든 역학(물체 사이에 작용하는 힘과 운동의 관계)은 이렇게 몇 줄로 설명할 수 있어요. 꽤나 인상적이죠?

이미 충분한 법칙

각각의 운동 법칙을 설명하기 위해 예를 하나씩만 들었지만, 실제로 뉴턴의 운동법칙은 움직이는 모든 것에 적용돼요. 우리가 엔진을 켜지 않는 이상 비행기는 그 자리에 있을 거예요(제1법칙). 제트 엔진의 힘이 셀수록 비행기는 더 빨리 날겠죠(제2법칙). 제트 엔진은 배기가스를 뒤로 분출하여 비행기를 움직여요. 배기가스가 공기를 밀어내는 만큼 공기도 비행기를 밀어내니까요(제3법칙). 이런 운동 법칙의 이해 덕분에 공학자들은 제트 엔진을 개발·발전시켰고, 커다란 비행기가 하늘을 날 수 있게 되었답니다.

전기

1800년대 후반 발명가들이 앞다투어 전기 장치를 만들어 내던 때, 동시대 사람들은 전기의 시대가 왔다며 환호했어요. 사실 전기는 수 세기 전부터 알려져 있었어요. 옛날 사람들도 번개에 맞거나 전기뱀장어에 쏘이긴 했으니까요.

전기란 음전하를 띄는 아주 작은 입자인 전자가 만들어내는 에너지의 한 종류입니다. 가장 먼저 발견된 건 정전기였어요. 고대 그리스인들은 물고기에게서 전기 충격을 받은 이야기를 글로 남겨 놓았답니다.

정지 상태의 전하, 정전하

어떤 물체는 서로 문지르면 원자 내부의 전자가 한 물체에서 다른 물체로 옮겨갈 수 있어요. 전자는 음전하를 띄기 때문에 많은 전자가 한 물체로 이동하면 그 물체도 음전하가 되지요. 반대로 전자를 잃어버린 다른 물체는 양전하를 띄고요. 같은 전하를 띄는 두 물체는 서로를 밀어내게 됩니다. 서로 다른 전하를 띄거나, 한쪽은 전하를 띄는데 한 쪽은 그렇지 않을 때는 서로를 끌어당기게 되고요. 아래의 그림에서 남자가 접시 위 물건으로 정전기 실험을 보여주고 있네요.

1500년대, 엘리자베스 1세 시대의 과학자 윌리엄 길버트는 호박이라고 불리는 단단한 주황색 물체를 문질

러 정전하를 만들어냈어요.

그리스인들은 호박을 일렉트론(electron)이라 불렀고, 그 호박에서 전기(electricity)가 만들어진다고 생각했어요. 200년 후, 조지 왕조 시대의 영국 사람들은 오락용으로 정전기를 만들어내는 기계도 만들었대요.

가자, 전기의 시대로

전기는 점점 집중 연구 대상이 되었어요. 1800년 알레산드로 볼타라는 이탈리아의 귀족은 최초의 전기 배터리를 만들어서 전선과 같은 전도체를 따라 전류가 흐르도록 했어요. 1800년대 초에는 마이클 패러데이가 기계를 돌릴 수 있는 전기 모터를 만들었고, 게오르크 옴은 전기 회로가 작동하는 방법을 밝혀냈어요. 사람들이 처음으로 전기를 발견한지 몇 세기가 지난 후에야 본격적으로 전기의 시대가 시작된 거죠.

프랭클린의 연

1752년 벤자민 프랭클린은 역사상 가장 유명한, 그리고 가장 위험한 실험을 진행했어요. 그는 천둥과 번개가 치는 날, 길고 축축한 줄 끝에 연을 달고 날렸어요. 연은 공기 중의 전기를 모아, 프랭클린이 반대쪽 줄 끝에 묶어놓은 금속 열쇠로 전달했어요. 프랭클린이 열쇠 옆에 손을 갖다 대자 그는 전기 충격을 받았고 그는 신이 나서 흥분했죠. 폭풍우가 치는 날엔 공기 중에 전기가 가득하고, 그래서 번개가 친다는 걸 밝혀냈으니까요. (그러나 실제로 연에 번개가 제대로 쳤다면 전하가 너무 강력한 나머지 프랭클린은 죽었을 지도 몰라요.)

이제 제가 정전기의 놀라운 힘을 직접 보여드리겠습니다!

전자기

1800년 알레산드로 볼타가 최초의 전기 배터리를 만든 후, 과학자들은 처음으로 안정적인 전류를 만들어낼 수 있게 되었어요. (번쩍 전기가 들어오듯) 과학적 탐구에 불이 붙었고 결국 전자기도 발견하게 되었지요.

학구적인 과학자들

활발한 탐구를 하던 여러 과학자들 중, 덴마크 약사 크리스티안 외르스테드는 전기와 자기가 서로 연관이 있을 거라는 추측에 흥미를 느꼈어요. 그는 당시의 다른 자연 철학자들(지금은 우리가 과학자라고 부르는 사람들)과 마찬가지로 세상의 모든 물리적인 힘이 서로 연결되어 있는지에 대해 탐구하고 있었거든요.

1820년 외르스테드는 전선을 통해 전류를 통과시켜 근처 나침반의 바늘을 움직이게 했어요. 전류가 전선 주변에 자기장을 만들어 낸 거죠.

이 실험을 바탕으로 프랑스 과학자 앙드레-마리 앙페르는 한 단계 더 나갔어요. 두 평행한 전선에 전류를 통과시키면 전선이 서로 끌어당기거나 밀어낸다는 사실을 이용해 '전자석'을 만들어 냈어요.

빙글빙글

1821년 영국 과학자 마이클 패러데이는 가운데에 자석을 넣은 수은 용기에 금속 막대를 넣고 전류를 가하는 실험을 했어요. 막대기는 자석 주위를 빠르게 회전했지요. '전자기력에 의한 회전'이라고 불리는 이 운동 덕분에 전기 에너지를 역학 에너지로 바꾸는 게 가능해졌어요.

자기장으로 전류 만들기

10년 후 패러데이는 변화하는 자기장이 회로에 전기를 흐르게 한다는 걸 알아냈어요. 그는 자석에 감은 구리선을 빠르게 회전시켜 전류를 유발하여 역학 에너지를 전기 에너지로 바꾸었어요. 한편 미국의 물리학자 조셉 헨리 역시 '전자기 유도'라는 이 과정을 똑같이 연구했고, 1년 후에 같은 현상을 발견해 냈죠.

패러데이는 최초의 전기 모터를 만들기 위해 전자기 유도를 이용했어요. 오늘날 모든 종류의 전기 모터는 기본적으로 패러데이의 모터와 같은 방식이에요. 심지어 우리 모두에게 전력을 공급하는 거대한 터빈과 발전기도 마찬가지고요.

공부가 다가 아니야

패러데이는 전자기에 대해 더 많이 알아내기 위해 다양한 실험을 했고, 그가 발견한 것들 덕분에 냉장고나 자동차처럼 오늘날 우리에게 꼭 필요한 발명품들이 만들어질 수 있었어요. 그는 매우 숙련된 과학자였고 실험을 좋아했지만 폭넓은 교육을 받지도 못했고 수학을 썩 잘하지도 못했어요. 실제로 1865년, 전자기의 법칙을 설명하기 위해 방정식을 만들어 낸 사람은 스코틀랜드의 수학자 제임스 클러크 맥스웰이었고, 그가 자신의 방정식에 패러데이의 이름을 붙인 거였죠. 그러니 여러분이 만약 실험은 좋아하지만 수학을 잘하지 못한다 해도 걱정하지 마세요! 패러데이가 할 수 있다면 여러분도 할 수 있어요.

빛의 성질

영국 물리학자 토마스 영을 아시나요? (이 책에도 이미 두 번이나 등장한) 아이작 뉴턴은 많은 사람들에게 알려져 있지만 토마스 영은 아는 사람이 거의 없어요. 이건 너무 불공평한 것 같아요. 1802년 영은 빛의 성질을 밝혀낼 실험을 찾아냈고, 그 실험을 통해 뉴턴이 틀렸다는 걸 밝혀냈거든요!

고대부터 사람들은 빛이 무엇인지, 빛이 어떻게 움직이는지 이해하려고 노력해 왔어요. 예를 들어 중세 시대 이슬람 과학자들은 빛이 구부러질 수도 있고, 좁은 구멍을 통과하면 빛이 퍼질 수도 있다는 걸 알게 되었어요. 그들에게 빛은 아마도 파동의 일종이었을 거예요.

파동은 안녕…

그래서 1700년대 초 뉴턴이 빛은 다른 물질의 입자보다 훨씬 작은 입자 상태로 흘러 다닌다고 말했을 때 다들 의아하게 생각했지요. 하지만 뉴턴의 주장에 반대되는 증거가 있는데도 불구하고 100년 간 뉴턴에게 이의를 제기하지 않았어요. 토마스 영이 등장할 때까진 말이죠. 영은 두 개의 기다랗고 좁은 틈(슬릿)을 통해 스크린에 빛을 비추었고, 빛이 회절(파동이 장애물을 만났을 때 휘어지거나 퍼지는 현상)되어 스크린 위로 밝고 어두운 띠무늬 패턴이 나타나는 것을 관찰했어요. 두 슬릿을 통과한 빛의 파동이 퍼져나가면서 서로를 간섭하여 패턴이 만들어진 것이지요. 영은 빛이 파동 상태로 이동한다는 것을 증명했을 뿐만 아니라, 빛의 색에 따라 다른 파장의 길이도 측정했어요.

다시 반가워 파동…

그렇게 결정이…됐을까요? 1900년대 초, 또 다른 물리학자는 빛이 일반적인 파동이 아니라 개별적인 에너지 묶음으로 이루어져 있다고 주장했어요. 무슨 말도 안 되는 소리인가 싶었지만, 독일 물리학자 알버트 아인슈타인의 의견이었기에 사람들은 귀를 기울였어요. 아인슈타인은 빛이란 '양자'라는 에너지의 묶음으로 이루어져 있다고 했어요. 빛이 더 밝을수록 양자가 더 많다고 했죠. 오늘날 양자는 광자라고도 알려져 있으며, 파동과 입자의 성질을 모두 갖고 있는 것으로 본답니다. 어떻게 보면 모두 맞았던 셈이죠.

1920년대 아인슈타인의 관찰은 완전히 새로운 물리학 분야의 탄생을 가져왔어요. 원자보다 더 작은 입자들의 습성을 연구하는 양자 역학이 바로 그것이었죠.

유명한 실험

뉴턴의 가장 유명한 실험 중 하나는 유리로 만든 프리즘에 흰색의 태양 광선을 통과시키는 것이었어요. 빛은 프리즘을 통과하여 일곱 가지 무지개색으로 분리되었어요. 과거의 다른 사람들은 같은 장면을 관찰했지만, 그들은 이 색이 유리 프리즘 때문에 생기는 거라고 생각했어요. 하지만 뉴턴은 다른 프리즘을 하나 더 이용하여 일곱 가지 색깔을 다시 흰색으로 되돌려 놓았어요. 이 색이 유리가 아니라 빛 때문에 생긴 거라는 사실을 증명한 거죠.

에너지 보존

1740년 프랑스 귀족 여성 에밀리 뒤 샤틀레는 13살 아들을 위한 물리학 교재를 쓰기로 결심했어요. 사실상 그녀가 쓴 책은 과학 혁명 시대의 가장 중요한 교재 중 하나였으며, 그녀를 선구적인 과학자로 자리매김하게 만들었어요.

뒤 샤틀레는 특히 아이작 뉴턴에 관심이 많아서 1749년 뉴턴의 '프린키피아'를 프랑스어로 번역하고 자신의 생각도 덧붙여 썼어요. 그녀가 가장 흥미를 가진 것은 에너지의 성질이었으나 당시로서는 잘 알려진 바가 없는 분야였죠. 1600년대 독일인 고트프리트 라이프니츠는 역학계(역학적 시스템)안의 에너지를 연구하면서, 그 에너지는 역학계의 구성 요소인 질량 그리고 속도와 관련이 있다고 주장했어요.

이제 뒤 샤틀레는 닫힌계 안의 에너지는 다른 에너지 형태로 바뀌거나 옮겨갈 수는 있어도 그 양 자체는 변함없이 유지된다고 말했어요. 예를 들어 한 조각의 석탄이 불에 타면 석탄의 화학적 에너지가 열과 빛으로 전환되는 것처럼 말이죠. 그래서 뒤 샤틀레는 에너지의 종류는 서로 다르더라도 그것이 실질적으로는 같은 것이기 때문에 같은 단위로 측정을 해야 한다고 했답니다.

서로를 자극하는 연인 관계

뒤 샤틀레는 수학과 물리학에 두드러진 재능을 보였고 자신의 시골 별장에 실험실도 갖고 있었어요. 그녀는 유럽에서 가장 유명한 사상가 중 한 명인 볼테르와도 로맨틱한 관계를 가졌어요. 두 사람 모두 불과 빛의 성질을 밝혀내기 위한 경쟁에 뛰어들었고, 뒤 샤틀레는 볼테르가 자신의 연구 결과들을 훔칠 수 없도록 비밀리에 실험을 했다고 해요.

점점 뜨거워져!

1700년대 말이 되면서 에너지의 성질이 점점 더 또렷하게 드러났어요. 미국에서 태어난 영국인 과학자 벤자민 톰슨은 구멍을 뚫고 난 드릴은 처음보다 뜨거워진다는 걸 알아챘어요. 그는 그 열이 드릴의 마찰 때문에 생겨난 에너지의 한 형태일 거라고 생각했어요.

1839년에서 1850년 사이, 영국의 물리학자 제임스 프레스콧 줄은 여러 실험을 통해 열과 역학적 에너지가 밀접하게 관련이 있다는 걸 밝혀냈어요. 열량 측정 단위인 '줄'도 그의 이름에서 따온 거예요.

높은 곳에서 떨어트리기

뒤 샤틀레는 부드러운 진흙을 깔아놓고 서로 다른 높이에서 공을 낙하시키는 실험을 통해, 에너지 보존을 연구했어요. 공이 만들어낸 구멍의 크기는 공의 속도가 빠를수록 더 깊어졌으며, 공의 속도는 더 높은 곳에서 떨어트릴수록 빨라졌지요. 움푹 파여 나간 점토의 양은 공의 운동에너지(움직이기 때문에 생기는 에너지)를 나타냈고, 공을 떨어트린 높이로 공의 위치에너지(중력에 반해 들어올려져서 생기는 에너지)를 측정할 수 있었어요. 그렇게 해서 뒤 샤틀레는 공의 운동에너지가 위치에너지와 관련이 있음을 밝혀냈지요.

전파(라디오파, 무선 전파)

중요한 건지도 모르고 발견했는데, 알고 보니 엄청 중요한 것이었을 때 기분이 어떨까요? 아마 독일 물리학자 하인리히 헤르츠가 그 기분을 잘 알 거예요. 그는 1886년 최초로 전파의 성질을 이해한 사람이거든요. 하지만 전파를 어디에 응용할 수 있냐고 물으면 그는 아마 이렇게 대답했을 거예요. "쓸 데가 없어요."

사실은 라디오, TV, 무선 전신, 휴대폰, 와이파이, 내비게이션, 무선 조종 장난감, 도난 경보기 등에 전파를 이용해요. 하지만 이 모든 발명품들은 헤르츠가 전파를 발견하고 한참 후에야 등장한 것들이었죠.

넓은 스펙트럼 중 일부

헤르츠보다 먼저 전파의 존재를 예견한 사람이 있었어요. 바로 스코틀랜드 과학자 제임스 클러크 맥스웰이었죠. 1864년경 그는 빛이 전자기 방사선이나 에너지의 한 형태라고 예측했어요. 그리고 전자기파의 전체 스펙트럼(범위)은 아주 넓으며, 빛은 그 중에서도 인간의 눈에 보이는 형태일 뿐이라는 걸 알고 있었어요.

전파는 전기장과 자기장의 반응에 의해 만들어집니다. 그것들은 눈에 보이지 않지만, 우주의 모든 곳에 있으며, 빛의 속도에 가깝게 여행하지요.

헤르츠는 맥스웰의 수학 공식을 바탕으로 전파를 만들어내고 탐지하는 방법을 연구했어요. 그는 두 개의

커다란 아연 구 사이에 긴 구리선을 설치하고 구리선 사이의 틈에 높은 전하를 가했어요. 그러자 전선이 심하게 흔들리면서 전파가 발생했죠. 마찬가지로 전파를 탐지할 때도 이와 비슷한 구리선 수신기를 이용했어요.

뉴스 중계방송

여러 과학자들은 헤르츠의 발견에서 가능성을 보았어요. 1894년 이탈리아인 굴리엘모 마르코니는 전파를 이용하여 통신 신호를 보내는 실험을 시작했어요. 1901년, 마르코니는 전파를 이용해 대서양 너머로 모스 부호 메시지를 전송했지요.

듣기 좋은 소리

초기의 라디오는 오로지 신호만 전송했지만 1903년 캐나다의 레지널드 페센든이 소리를 전기 신호로 바꾼 뒤 연속적인 전파와 결합시키는 법을 알아냈어요. 드디어 전파가 사람의 목소리, 심지어 음악까지 전송할 수 있게 된 거죠. 이 엄청난 발견으로 무선 기술은 급성장을 했고, 기록에 따르면 1922년 당시 미국에만 라디오 수신기 개수가 백만 개를 훌쩍 넘었다네요.

부메랑에는 공기를 가로질러 날 수 있게 두 개의 전연이 있어요.

공기역학

공기 중으로 던진 물체가 얼마나 멀리 날아가는지는 공기역학에 달려 있어요. 공기역학이란 날아가는 사물과 그 주변의 공기 사이의 상호관계지요. 그래서 공처럼 원래 던지는 용도로 만든 물건은 공기가 쉽게 미끄러질 수 있는 모양을 하고 있어요. 반면 의자처럼 던지는 용도가 아닌 물체는 던져도 잘 날아가지 않겠죠. 공기가 의자의 속도를 급히 낮춰버려서 날다가 금방 떨어질 거예요.

옛날부터 사람들은 아주 무겁고 복잡하게 생긴 물건보다 막대기나 돌멩이를 날리면 더 멀리 날아간다는 걸 알고 있었어요. 하지만 이 사실을 훨씬 오래전부터 깨달은 이들이 있었어요. 약 30,000년 전 호주의 동굴에 그려진 벽화에는 특별한 막대기로 캥거루 같은 동물을 사냥하는 사냥꾼의 모습이 등장했어요. 호주 원주민들은 이 막대기를 '부메랑'이라고 불렀죠.

그냥 막대기가 아니라고!

부메랑은 납작하고 얇은 나무 조각으로 주로 사냥 도구나 무기로 사용되었어요. 이 막대기가 빙글빙글 돌아가면서도 빠르고 곧게 날아갈 수 있었던 이유는 만든 사람이 공기역학을 이해하고 있었기 때문이에요. 핵심은 부메랑의 모양이에요. 부메랑의 바닥은 납작하지만 위쪽은 곡선으로 이루어져 있어요. 그래서 날아갈 때 위쪽 곡선을 지나는 공기가 아래쪽 직선을 지나는 공기보다 더 빠르게 통과하죠. 그러면 부메랑 위쪽이 아래쪽보다 기압이 낮아져 위로 떠오르게 됩니다. 비행기

부메랑은 날 때 회전을 해요.

와 같은 원리인 거죠!

다시 돌아온다니!

부메랑은 던진 사람에게로 다시 돌아옵니다. 얕은 V자 모양으로 생긴 부메랑이 던져져 양력이 생겨나면, 두 날이 축을 중심으로 도는 동안 위쪽 날과 아래쪽 날 사이에 속도의 차이가 생겨요. 그래서 중간에 장애물을 만나지 않는 이상 부메랑은 제자리로 돌아오는 거지요.

호주 원주민이 부메랑을 이용한지 수천 년이 지나서야 유럽에서는 갈릴레오 갈릴레이 같은 과학자들이 공기역학을 연구하기 시작했어요. 또 다른 무기인 포탄을 연구하다가 영감을 받은 거죠.

➕ **과학자 조지 케일리 (1773-1854)를 만나 봐요.**

1700년대 말 영국의 공학자 조지 케일리는 비행 물체에 작용하는 네 가지 힘, 무게, 양력, 항력, 추진력을 찾아냈어요. 공기역학에 대한 그의 이해가 비행의 역사에 밑받침이 되어주었어요. 케일리는 비행기를 만들기로 결심했고, 1804년엔 모형 글라이더를, 그리고 약 50년 후에는 최초의 실물 크기 글라이더를 성공적으로 완성시켰어요.

생명의 구성 요소

생물학

여러분은 살아있으며, 살아있지 않은 것들과는
분명한 차이가 있어요. 하지만 실제로 생명이란 무엇일까요?
또 인간은 이 세상의 다른 동식물과 어떻게 연결되어 있을까요?
오랫동안 사람들은 세상이 늘 변함없이 똑같다고 믿었어요.
하지만 과학자들이 고대의 생명체에 의해 남겨진 화석을
연구하고, 살아있는 다양한 생물들의 변이를 연구한 결과,
세상이 과거와는 많이 달라졌음을 밝혀냈어요.
생물의 변화에 오랜 역사가 있었던 거죠.
또한 과학자들은 여러 가지 변화를 설명할 수 있는
화학적 원칙도 발견했어요. 인간이 다른 영장류와 다른 점부터
여러분이 형제, 자매와 닮은 이유까지요.

세포

세포는 생물의 구성 요소입니다. 인간의 몸에는 약 37조 2천억 개의 세포가 있어요. 이렇게 많으니 금방 눈에 띄지 않을까 싶겠지만 세포는 맨눈으로 보기엔 너무 작아요. 그래서 1600년대 중반 현미경이 발명되기 전까지는 세포도 발견되지 않았답니다.

세포를 처음 관찰한 사람은 영국인 로버트 훅이었어요. 그는 다양한 물체를 조사할 수 있는 새로운 현미경을 이용했죠. 1665년 그는 자기가 현미경으로 본 것, 예를 들면 확대된 파리 눈알(끔찍해!)을 그림으로 그려 책으로 출간했어요. 그는 코르크 나무 조각도 관찰해서, 나무가 벌집처럼 서로 잘 맞물려 있는 일정한 형태로 이루어져 있음을 알아냈어요. 그는 그 모양에서 수도원의 수도사들 방(cell)을 떠올렸고, 거기에 '세포(cell)'란 이름을 붙였어요.

세포 과학

훅이 본 것은 죽은 세포의 벽이었지만 10년 후 독일인 안톤 판 레벤후크는 살아있는 세포를 관찰했어요. 레벤후크는 자기가 파는 직물의 상태를 확인하기 위해 현미경을 이용했던 직물상이었어요. 그는 해캄이라는 이름의 조류를 관찰하다가 각각의 살아있는 세포 가운데에는 '세포핵'이 있음을 발견했어요.

우리는 이제 세포소기관이라고 불리는 핵과 다른 구조들이 새로운 세포를 만들기 위한 물질과 에너지를 생산한다는 것을, 그 결과 신체가 스스로 번식하고 성장하고 회복한다는 걸 알게 되었어요. 새로운 세포는 오래된 세포가 분열할 때만 만들어집니다. 그리고 모든 세포의 세포소기관은 그 안에 유전 정보를 가지고 있지요(32-33 페이지 참조).

세포, 세포, 그리고 또 세포

식물을 이루는 세포는 현미경으로 잘 관찰할 수 있지만 동물이나 인간의 세포는 보기가 훨씬 어려웠어요. 그래서 과학자들은 동물의 세포는 전혀 다른 종류의 입자, 구상체로 이루어져 있을 거라고 주장했지요.

그러던 1838년, 두 명의 독일 과학자, 테오도르 슈반과 마티아스 슐라이덴은 같이 커피를 마시러 갔어요. 슈반은 동물 세포를 연구하고 있었고 슐라이덴은 식물 세포를 연구하고 있었는데, 둘이 이야기를 나누면 나눌수록 서로 연구하던 것이 사실상 똑같다는 걸 알게 되었어요. 세포는 모든 살아있는 생물의 구성 요소였던 거예요.

슬쩍 베끼기

지금의 세포 이론이 정리될 때까지 참으로 사건 사고가 많았어요. 표절을 했다고 고발하고, 다른 사람의 기여를 못 본 체하고, 혼자서 모든 공을 가로채려고도 했어요. 슈반과 슐라이덴은 다른 과학자 루돌프 피르호의 연구를 못 본 체하며 인정하지 않았어요. 또 피르호는 모든 세포가 기존 세포에서 발생한다고 주장하는 로베르트 레마크의 연구를 베낀 혐의로 고발을 당했고요.

테오도르 슈반과 마티아스 슐라이덴

안톤 판 레벤후크

해캄

로버트 훅

훅의 현미경

유전

파란 꽃과 다른 파란 꽃을 교배하면 새로 피어나는 꽃은 보통 파란색일 거예요. 이게 바로 부모에게서 자손에게로 전해지는 특징, 즉 유전의 결과랍니다. 식물과 동물, 마찬가지로 인간도 같은 과정을 겪기 때문에 부모의 특징이 자녀에게로 전달되죠. 하지만 1800년대 중반까지만 해도 유전의 이유를 이해하지 못했어요.

완두콩의 힘

1860년대 체코의 성직자, 그레고어 멘델은 수도원의 정원에 1만 그루가 넘는 완두콩을 키웠어요. 완두콩의 키, 꽃의 색, 씨의 형태 등의 특징을 연구했던 멘델은 부모 식물은 다음 자손에게 (이후 유전자라고 불릴) 화학적 단위를 이용해 정보를 전달한다는 걸 밝혀냈어요. 인간에게는 많은 유전자가 있고 이 유전자가 눈동자 색깔 같은 다양한 특징을 결정지어요. 그리고 생식의 과정에서 각 부모에게서 받은 한 종류의 유전자가 서로 결합을 하게 돼요. 서로 다른 유전자는 서로 다른 방식으로 변이를 일으킬 수 있지만, 그냥 단순하게 보면 두 유전자 모두 갈색 눈 유전자라면, 자손의 눈도 갈색일 확률이 높아요. 두 유전자가 모두 파란 눈 유전자라면 자손의 눈도 파란색일 가능성이 높고요. 한쪽은 갈색, 한쪽은 파란색이라면 우성 유전자가 드러나겠죠 (이 경우엔 갈색).

멘델의 연구는 별 관심을 받지 못하다가 나중에 다시 재발견되어 1905년에 유전학이라는 이름을 얻은 학문의 기초가 되었어요. 유전에 대한 연구가 깊어지면서

과학자들은 유전자가 염색체라고 불리는 세포 구조물에 담겨 후대에 전달된다는 걸 알아냈어요.

생식 세포

1905년 미국인 네티 스티븐스는 세포에 대한 연구를 하다가 수컷 거저리의 정자에 큰 염색체와 작은 염색체가 한 쌍 있다는 걸 알아냈어요. 그리고 수컷의 작은 염색체가 암컷 염색체를 만나면 수컷을 낳게 되고, 수컷의 큰 염색체가 암컷 염색체를 만나면 암컷을 낳게 되지요. 그녀는 성별이란 현재 X 염색체와 Y 염색체로 알려져 있는 성 염색체에 의해 결정된다고 결론지었어요. 이는 염색체가 물리적 특성에 직접적인 영향을 준다는 걸 처음으로 밝혀낸 연구였지만, 그녀의 연구는 그녀가 죽을 때까지도 제대로 인정을 받지 못했답니다.

✚ 과학자 바버라 매클린턱 (1902-1992)을 만나 봐요

스티븐스의 발견 22년 후, 미국의 과학자 바버라 매클린턱은 생물학으로 박사 학위를 받았어요. 그녀는 옥수수의 염색체 중 어떤 부위가 어떤 특징에 영향을 주는지 옥수수 유전자 지도를 그리려 했어요. 매클린턱은 염색체가 어떻게 유전 정보를 스위치처럼 끄고 켜며 그 위치까지 바꿀 수 있는지 설명했어요. 처음엔 그녀의 연구에 반대하는 사람이 너무 많아서 연구 결과를 책으로 펴내지도 못했지만, 몇 년 후 그녀는 다시 주목을 받았고 1983년엔 노벨 의학상도 받았답니다.

진화

'누가 진화를 발견했는가?'에 대한 대답은 간단해요. 바로 역사상 가장 유명한 과학자 중 한 명인 찰스 다윈이 그 주인공이니까요. 그는 생물종이 오랜 시간 자연 선택이라는 과정을 통해 변화한다는 걸 알아냈어요. 그럼 진화와 관련된 업적은 모두 다윈의 것일까요?

자연 선택에서는 생존에 더 유용한 특성을 가진 개인이 다른 이들보다 더 성공적인 자손을 갖는 경향이 있어요. 이러한 성공적인 특성은 보존되어 앞 세대에서 다음 세대로 전달되기 때문에 종은 시간이 흐름에 따라 변화하고, 우린 이것을 진화라 부릅니다.

1859년 다윈은 5년간의 세계 여행 중 관찰한 동식물 연구를 바탕으로 <종의 기원>이라는 책을 발간했어요. 그는 생물종이 주변 환경에 어떻게 적응하는지 주목했어요.

그러나 이런 연구를 한 게 다윈 혼자만은 아니었어요. 예를 들어 프랑스의 동식물 연구가 장-바티스트 라마르크는 부모가 자손에게 그 적응력을 물려준다는 걸 관찰했고, 조지 퀴비에는 수많은 동물들을 몇 가지로 분류할 수 있다고 생각했어요. 사실 이슬람의 학자들은 900년 전부터 진화라는 개념을 떠올렸지요.

라이벌 이론

찰스 다윈의 자연 선택은 종이 변화하는 방법을 설명하는 이론이었어요. 그런데 그가 자신의 발견을 출간하려고 준비하던 무렵, 그는 영국의 동식물 연구가 알프레드 러셀 월리스에게 편지 한 통을 받았어요.

그 편지에는 다윈이 밝혀낸 이론과 정확하게 일치하는 내용이 적혀 있었어요.

1858년 7월 1일 다윈과 월리스는 영국에서 자신들의 이론을 발표했어요. 과연 이 날 세상이 발칵 뒤집혔을까요? 놀랍게도 그들의 이론은 아무런 관심을 받지 못했어요. 그들의 진화론은 창조론이라는 성경 이야기를 완전히 부정하는 것이었기 때문이었죠.

시끌벅적한 논쟁

1년 뒤 다윈의 책이 발간되면서 모든 게 바뀌었어요. 사람들은 다윈의 이름만 듣고도 곧바로 진화론을 떠올렸어요. 그럼 월리스의 이론은 왜 관심을 받지 못했을까요? 아마도 다윈의 이론이 증거가 더 풍부하고 훨씬 더 상세했기 때문일 거예요. 또한 다윈은 자신의 이론을 널리 퍼트리려고 매우 열심히 일했어요. 게다가 '자연 선택'이라는 말까지 만들어냈죠. 그러므로 여러 가지를 감안할 때, 전적으로 다윈 덕분이라고 할 순 없겠지만 다윈이 인정 받을 자격이 더 많다고 할 순 있겠네요.

✚ 과학자 알프레드 러셀 월리스 (1823-1913)를 만나 봐요.

웨일즈에서 태어난 알프레드 러셀 월리스는 교사 생활을 하다가 동식물을 수집하기 위해 아마존에 가게 되었어요. 배의 침몰로 수집품을 모두 잃게 되었지만, 월리스는 말레이 제도로 가서 연구를 계속 했어요. 그는 열병에 걸려 고생하던 중에 갑자기 진화의 과정에 대한 (다윈과 똑같은) 아이디어를 떠올렸고, 곧바로 자리에서 일어나 다윈에게 편지를 썼죠.

DNA

유전의 발견(32-33쪽 참조) 이후, 과학자들은 부모에게서 자손에게 유전 메시지가 전달되는 과정을 알아내려 노력했어요. 그들은 세포핵 안에 있는 염색체에 (복제되어 다음 세대로 전달되는) 유전자가 있다는 걸 알아냈어요. 염색체는 단백질과 디옥시리보핵산, 줄여서 DNA로 이루어진 아주 작은 실뭉치 같은 구조물이며, 이 DNA가 유전을 이해하는 데에 핵심 요소죠.

증거를 모아서

DNA의 구조를 밝혀낸 건 20세기에 들어서였지만, 과학자들은 DNA의 존재를 오래전부터 알고 있었어요. 스위스의 화학자 프리드리히 미셔가 최초로 DNA를 발견한 건 1860년대 말이었지만, 이 DNA가 무엇으로 이루어졌는지 밝혀낼 도구가 한동안 없었어요. 그러던 1950년대 초, 제임스 왓슨과 프란시스 크릭이 단백질과 다른 큰 분자의 구조를 조사할 수 있는 방법을 찾아냈고, 이로 인해 두 사람은 전 세계적으로 유명해졌어요. 하지만 그들의 발견 역시 다른 과학자들의 업적이 뒷받침되었기 때문에 가능한 것이었어요.

엑스레이로 설명하기

영국 과학자 로잘린 프랭클린은 엑스레이 회절이라는 기술의 선구자였어요. 그녀는 단백질과 같은 물질의 결정에 엑스레이를 쏘면 엑스레이가 회절하면서 무늬를 만들어내기에 이 무늬를 해석하면 단백질의 중요한 단서를 밝혀낼 수 있을 거라고 믿었어요. 프랭클린이 연구를 시작하기 전에는 DNA에 대해 알려진 게 거의 없었지만, 그녀 덕분에 DNA의 밀도와 나선형 구조를 알아낼 수 있었어요.

이중나선의 발견

프랭클린의 귀중한 발견 덕분에 왓슨과 크릭도 새로운 발견을 했어요. 그들은 DNA를 세 개의 평행 가닥으로 이루어진 3중 나선 구조라고 상상했어요. 하지만 프랭클린이 찍은 DNA 엑스레이 이미지 중 '51번 사진'을 보고 난 뒤 그들의 생각은 달라졌어요. 그들은 기다란 두 줄이 가로대로 연결되어 있는 나선형 사다리, 즉 이중나선 모델을 떠올렸어요.

왓슨은 이렇게 말했어요. "우린 결과물을 보고 꿈이 아닌가 싶어 볼을 꼬집어 봤어요. 너무나 아름다웠기 때문에 아마도 진실일 거라고 믿었지요."

➕ 과학자 로잘린 프랭클린 (1920-1958)을 만나 봐요.

로잘린 프랭클린은 DNA에 대해 밝혀낸 게 많아 유명해졌지만, 그 외에도 많은 업적이 있어요. 석탄 구조에 대해 연구를 한 덕에 제2차 세계 대전 중 방독면 필터가 개발될 수 있었고, 그 결과 많은 이들이 목숨을 구했어요. 소아마비 바이러스 같은 바이러스의 구조도 연구했으며, 그녀의 연구 결과가 여러 질병의 백신 개발에 큰 도움을 주었지요.

광합성

광합성에 대해 배울 시간이 6주 정도 있다면 이 방법을 시도해 보세요. 화분에 흙을 담고 무게를 재요. 그리고 아무 씨앗이나 심은 다음 자라게 내버려 둬요. 흙과 식물이 6주 만에 많이 무거워졌을 거예요. 이 무게는 어디에서 온 걸까요?

1600년대 초, 벨기에인 얀 밥티스타 판 헬몬트는 똑같은 실험을 했어요. 그는 늘어난 식물의 무게가 자기가 준 물 때문일 거라고 생각했어요. 정답에 접근하긴 했지만 정답은 아니었죠. 물은 전체 이야기의 일부에 불과해요. 분명히 화학적인 과정이 일어나고 있었을 거예요.

상한 공기

18세기 말, 영국인 조셉 프리스틀리는 공기가 여러 가지 기체를 포함하고 있다는 걸 알아냈어요. 그는 반구형 유리 뚜껑 안에 쥐를 한 마리 넣고 그 안에 초를 켰어요. 그는 양초가 타면서 공기를 '상하게' 만들었기 때문에 양초 불은 꺼지고 쥐는 죽어버린다고 해석했어요. 하지만 유리 뚜껑 안에 식물을 넣자 양초도 꺼지지 않고 쥐도 살아남았어요. (참 다행이죠!) 쥐가 숨을 쉴 때 필요한 기체가 식물에서 나오는 게 분명했어요. 하지만 그때까지만 해도 그 기체가 무엇인지, 어떻게 나오는 건지 아무도 몰랐지요.

산소로 변환

네덜란드인 얀 잉엔하우스도 똑같은 실험을 하고는 밤에는 잠잠하던 식물의 잎에서 낮에는 아주 작은 거품이 나오는 걸 관찰했어요. 식물이 내뿜는 기체가 햇빛과 관련이 있다는 뜻이었죠.

스위스의 목사 장 세네비에르는 식물이 내뿜는 기체가 산소라는 걸 확인했어요. 그는 식물이 이산화탄소를 흡수해서는 세포 안에서 산소로 변환시킨다고 생각했죠. 뒤이어 독일 의사 율리우스 로버트 폰 마이어는 식물이 햇빛에서 받은 에너지를 화학 에너지로 변환시키는 광합성의 전 과정을 밝혀냈어요.

이제 우리는 식물 내부의 엽록소라는 녹색 색소가 햇빛에서 에너지를 흡수한다는 걸 알고 있어요. 이 에너지는 잎에서 흡수한 이산화탄소 그리고 물과 결합하여 식물이 생존하는 데 반드시 필요한 물질과 당을 만들어내지요. 산소는 이 과정의 폐기물이며 식물에서 공기 중으로 분출됩니다.

1950년 미국 과학자 멜빈 캘빈과 동료들은 이런 변환 과정이 심지어 밤중에도 끊임없이 일어난다는 걸 알아냈어요. 그리고 거기에 캘빈 회로라는 이름을 붙였죠.

햇빛을 주세요

광합성은 지구상 거의 모든 생명체의 기반이 됩니다. 대부분의 생물들은 태양 에너지에 의존하기 때문이죠. (물론 햇빛 없이 살 수 있는 심해 생물도 있긴 하지만요.) 식물이 햇빛을 받아 만든 에너지는 초식 동물에게 전달되고, 이는 또 다른 육식 동물에게 전달돼요. 아마존 같은 큰 숲의 수많은 나무들부터 창가에 놓인 작은 허브 화분까지 모든 식물들은 대기 중의 이산화탄소를 제거하고 대신 산소를 내놓는 과정에 동참하고 있어요.

생물 분류

아리스토텔레스 같은 고대 그리스인들은 닮은 외형을 기준으로 동식물을 분류하려고 했어요. 예를 들어 아리스토텔레스의 제자 테오프라스투스는 기원전 300년 경 식물을 허브, 관목, 나무로 분류했지요.

1400년대 이후 유럽인들이 세계를 탐험하기 시작하면서, 그들은 새로운 식물들을 발견하고 혼란스러워졌어요. 이것들에게 유럽 식물들과 관련 있는 이름을 붙여줘야 할까요, 아니면 새로운 이름이 필요할까요?

체계적으로 정리하기

17세기 동식물 연구가 존 레이는 유럽에서 관찰한 식물들을 그 외형과 특징에 근거하여 각각의 종으로 분류했어요. 그는 종의 분류가 중요하다고 생각했고, 번식을 통해 자신과 비슷한 새로운 개체를 낳는 개체들을 하나의 종으로 정의했어요. 그래서 수소와 젖소, 수컷 공작과 암컷 공작이 완전히 다르게 생겼지만 한 종으로 묶이는 거죠.

이름이 뭐가 중요해?

레이의 체계는 근대 분류학의 기초가 되어 주었어요. 1735년 스웨덴 식물학자 칼 린네는 생식 방법에 따라 식물을 구분 짓는 7쪽 짜리 짧은 논문을 썼어요. 그 후 린네는 식물의 속과 종을 이어서 쓰는 이명법을 개발했어요. 속은 서로 관련된 종의 큰 묶음으로 개, 늑대, 코요테, 자칼은 개속(Canis)에 포함되지만, 개는 그 자체로 하나의 종(Canis familiaris)을 이루죠.

린네는 중세 라틴어 형태를 이용하여 기억하기 쉬운 종 이름을 지으려고 했어요. 1753년 그는 이명법을 이용하여 5,900종의 식물에 이름을 지어주었어요. 몇 년 후에는 동물에게까지 이 체계를 확대시켰어요. 그 이후로 생물 분류에 대한 많은 논쟁이 있었지만, 린네의 분류법이 가장 주목할 만한 과학적 성과로 남아 있어요.

식물 사냥꾼

스웨덴에 살던 린네는 전 세계의 식물 샘플을 찾아 분류하기 위해 용감한 식물 사냥꾼들을 널리 보냈어요. 피터 칼름은 북아메리카에 방문했고, 프레드릭 하셀퀴는 중동에 갔으며, 페르 오스벡은 중국을 여행했죠. 스웨덴으로 돌아오기 전에 질병으로 사망한 이들도 있었지만, 대부분은 식물학 발전에 크게 기여했어요.

칼 린네

린네의 분류 체계는 자연 세계를 계부터 종까지 나누고 있어요.

공룡

1676년 처음으로 공룡 뼈가 발견되었을 때 사람들은 그것을 거인의 대퇴골이나 코끼리 뼈로 착각했어요. 당시만 해도 거대한 인류가 존재했다고 믿었거든요. 실제로는 더 이상 존재하지 않는 완전히 다른 동물 종류가 있었다는 증거였지요.

영국 고생물학자 리처드 오언은 여러 단서들을 한데 모으기 시작했어요. 그는 선사 시대 동물인 메갈로사우루스, 이구아노돈, 힐라에오사우루스의 화석을 연구하던 동물 해부학 전문가였어요. 오언은 이 세 동물의 화석이 현존하는 파충류와는 다르다는 걸 알아채고, 이전까지는 없던 새로운 육식, 초식, 갑옷 동물로 규정했어요. 그리고 그리스어로 '무서운 파충류'라는 뜻의 '디노사우리아(Dinosauria)'라는 이름을 붙였어요.

점점 풀려가는 실마리

오언은 공룡이 9미터까지 크는 거대 파충류이며 코끼리나 코뿔소 같은 네발 동물을 닮았을 거라고 생각했어요. 하지만 새로운 화석이 발견되면서 두 발로 서는 공룡, 빠르게 달릴 줄 아는 공룡도 있다는 게 밝혀졌어요.

하지만 과학자들은 거의 한 세기 동안 공룡이라는 이름을 거의 사용하지 않았어요. 1970년대가 되어 모든 공룡들이 서로 연관이 되어 있음을 밝혀내고 나서야, 각각의 동물들을 한데 묶어 '공룡'이라 부르기 시작한 거죠.
  전문가들은 공룡과 가장 밀접한 생물이 도마뱀이 아니라 새라는 사실도 알아냈어요.

운석 충돌의 충격

  동시에 과학자들은 공룡이 왜 멸종했는지 궁금해 하기 시작했어요. 1980년 루이스 앨버레즈와 그의 아들 월터는 6천 5백만 년 전 거대한 소행성이 지구에 충돌했고, 충돌의 잔해가 오랫동안 지구 대기에 남는 바람에 대부분의 공룡을 포함한 75%의 생물이 죽었다고 주장했어요. 1990년 멕시코의 칙술루브에서 거대한 충돌 분화구가 발견되면서 앨버레즈의 이론이 더 믿음을 얻게 되었어요.

✚ 과학자 메리 애닝(1799-1847)을 만나 봐요.

  리처드 오언은 영국 남부 쥐라기코스트에서 공룡 화석을 찾아다녔는데, 그때 그의 가이드가 되어준 사람이 그 지역 출신의 소녀 메리 애닝이었어요. 그녀는 1811년부터 그 지역의 이름난 화석 사냥꾼으로 유명했어요. 최초의 어룡 화석과 거의 완벽한 수장룡 화석 두 구를 발굴한 주인공이었으니까요. 그녀는 매우 유명했지만 주류 과학계에는 결코 끼지 못했어요. 단지 여자이기 때문에, 또 소수 종교를 믿었기 때문이래요.

최초의 인간

찰스 다윈이 인간은 유인원의 자손이라고 말하자마자, 과학자들은 인간과 유인원 사이에 어떤 단계가 있는지 궁금해 하기 시작했어요. 최초의 인간은 언제 나타났을까요? 또 그 장소는 다윈이 말한 것처럼 아프리카였을까요?

1900년대 초, 최초의 인간이 아시아에서 진화했다는 걸 뒷받침하는 화석이 발견되었어요. 하지만 케냐 출신 젊은 고생물학자 루이스 리키가 인간은 동아프리카에서 처음 등장했다고 확신했어요. 그는 자신의 주장으로 논란이 생길 거라는 걸 알고 있었지만 고집을 굽히지 않았고 결국 그의 끈기는 성과를 거두었어요. 리키와 그의 아내 메리는 탄자니아의 바위 계곡, 올두바이 협곡에서 초기 호미닌(호미닌은 현생 인류와 우리의 직계 조상을 포함함)의 흔적을 찾고 있었어요. 175만 년 된 호미닌은 마치 고릴라처럼 눈 위 뼈가 발달해 있었고, 질긴 식물을 씹기에 편리하도록 큰 치아를 갖고 있었어요. 이것은 아마도 최초의 인간과 밀접한 관련이 있고 공통점까지 있는 오스트랄로피테쿠스의 한 종이었을 거예요.

편리한 도구

리키의 가장 중요한 발견 중 하나는 눈 위 뼈가 튀어나오지 않고 치아가 작은 후기 호미닌 화석이에요.

리키는 이 종이 고기를 손질하기 위해 도구를 사용했

을 거라 추측했어요. 그리고 수많은 이들이 돌을 이용해 두드리기와 자르기용 도구를 만들었던 '채석장'도 발견했어요. (고대 화석으로 진화의 역사를 연구할 때 흔히 그러듯) 여러 차례의 의견 충돌 후, 호미닌은 우리의 초기 선조 중 하나로 받아들여지게 되었어요. 그리고 230만 년과 165만 년 전 사이에 살았던 그들에게 호모 하빌리스('손재주 있는 사람')라는 이름을 붙여주었어요. 그들이 아마도 도구를 이용했던 최초의 호미닌이었을 거예요.

이후, 올두바이 협곡에서는 190만 년 전에 살았던 호모 에렉투스('똑바로 선 사람')의 화석도 발견되었어요. 현대의 이론에 따르면 호모 에렉투스는 아프리카를 떠나 전 세계로 퍼졌다고 해요. 물론 이것도 합리적 추측일 뿐이지만요…

+ **과학자 메리 리키(1913-1996)를 만나 봐요.**

메리 리키는 고생물학자일 뿐만 아니라, 초기 인류의 기원과 발달을 연구하는 고인류학자이기도 했어요. 그녀는 남편인 루이스 리키보다 화석 발굴에 더 뛰어났지만, 화석을 해석하고 사람들에게 널리 알리는 것이 남편의 역할이었기에 남편이 더 인정을 받은 거지요. 남편이 죽고 난 뒤, 그녀는 350만 년 전 살았던 초기 호미닌이 화산재 위에 남겨놓았던 발자국을 발견했어요. 이 놀라운 발견 덕분에 인류가 생각보다 훨씬 일찍부터 직립 보행을 했다는 걸 알게 되었죠.

영장류의 행동양식

TV로 야생 다큐멘터리를 보다가 가족들 모습과 비슷하다는 생각을 한 적 있나요? 여러분은 아마도 영장류를 보고 있었을 거예요. 인간을 포함해 인간과 가장 가까운 원숭이와 유인원이 이 포유류 목에 해당되죠. 그중에서도 침팬지와 보노보는 99%의 DNA를 인간과 공유하고 있어요.

찰스 다윈이 진화론을 가지고 나왔을 때부터 사람들은 인간이 유인원, 원숭이 등과 관계가 있을 거라고 생각했어요. 동아프리카에서 초기 인간 화석을 찾는데 평생을 보낸 루이스 리키(44-45쪽 참조)는 인간과 영장류의 관계에 매력을 느꼈어요. 1960년 리키와 그의 어린 비서 제인 구달은 초기 인류에 대해 더 연구하기로 결정했고, 구달은 침팬지와의 생활을 시작했어요.

우리 무리에 들어오세요

구달은 15년 간 탄자니아의 침팬지 무리를 연구했어요. 그녀는 멀찌감치에서 관찰만 한 게 아니라 각자에게 이름을 지어주고 본인도 그 무리의 구성원처럼 행동했지요. 그녀는 곧바로 침팬지에 대한 새로운 사실을 알게 되었고, 이는 전문가들의 시선을 완전히 바꾸어 놓았어요.

첫째, 구달은 침팬지가 흙무더기 속 흰개미를 꺼내기 위해 풀잎을 이용하는 걸 관찰했어요. 인간이 도구를 사용하는 유일한 동물인 줄 알았는데 아니었던 거죠. 둘째, 그녀는 침팬지 무리가 콜로부스 원숭이를 사냥해서 잡아먹는다는 걸 알아냈어요. 침팬지는 평화를 사랑하는 채식 동물이 아니었던 거예요.

작고 귀여운 원숭이들!

우리는 침팬지들의 사냥을 통해 초기 인류가 고기를 사냥하던 모습을 상상할 수 있었어요. 구달은 침팬지들이 각자 개성을 가지고 있으며, 소리나 행동을 통해 감정을 표현하고, 복잡한 방식으로 서로 상호작용을 한다는 걸 알아냈어요. 역시나 인간과 많이 닮아 있는 거죠. 이런 생각은 당시로서는 매우 이례적인 것이었지만, 인간과 유인원 사이에 유사성이 많다는 리키의 주장이 옳았음을 알 수 있었죠.

멋진 삼총사!

리키의 제안에 영장류를 연구한 이가 구달만 있는 건 아니었어요. 미국인 다이언 포시는 고릴라를 연구하기로 마음먹고 혼자서 스와힐리어를 공부한 뒤, 1966년부터 1985년 생을 마감할 때까지 르완다의 야생에서 생활했어요. 한편 1971년 리키는 캐나다계 리투아니아인 비루테 갈디카스가 오랑우탄 연구를 위해 보르네오 섬에 연구센터를 세우는 걸 도와주었어요. 이 세 명의 연구원들을 우리는 '영장류 3인방'이라고 부르지요.

건강하게 살기 위해

의학

오늘날 사람들은 과거에 비해 더 오래, 더 건강하게 살지요.
1800년 정도까지만 해도 유럽 사람들의 평균 기대 수명은
30~40세 밖에 되지 않았지만 지금은 75세가 넘는답니다.
물론 이런 결과는 예전보다 좋은 음식과
개선된 생활여건 때문이기도 하지만,
질병의 원인과 그것이 퍼지는 이유를 발견하고자 했던
오랜 노력 덕분이기도 합니다. 이런 발전으로 우리는 위생이
얼마나 중요한지 알게 되었어요. 그리고 우리의 몸이
질병과 싸우는 과정도 배우게 되었죠. 그 결과 약이 작용하는
방법과 더 효과적인 치료법을 개발하는 방법도
더 잘 이해하게 되었죠.

혈액순환

윌리엄 하비는 1578년 영국의 켄트에서 태어났어요. 그때까지도 여전히 사람들은 2~3세기 로마 제국의 의사, 갈레노스의 해부학을 배우고 있었답니다. 갈레노스는 다친 검투사들을 돌보다가 흥미가 생겨 동물을 해부하기 시작했어요. 기린과 코끼리까지 해부했지만 인간은 절대 손대지 않았죠.

갈레노스는 혈액이 간에서 만들어진 다음, 심장의 양쪽을 통과하면서 '생명의 기운'을 얻게 된다고 했어요. 그러면 이 생명의 기운은 동맥을 통해 주요 장기로 전달되고, 인체의 바깥 부분까지 도달했을 땐 이 기운이 모두 사라진다고 했지요.

틀린 부분 손보기

갈레노스의 해부학 책은 인간과 동물의 해부학이 일치한다는 시작부터 잘못된 가정에도 불구하고 천 년이 넘도록 논란의 여지가 없는 권위를 얻고 있었어요. 약 1540년경 인체 해부가 점점 흔해지자, 벨기에의 해부학자 안드레아스 베살리우스는 갈레노스의 견해를 수정하기 시작했어요. 물론 그 역시도 심장이 어떻게 기능하는지는 알지 못했답니다.

한편 캠브리지 대학에서 의학을 공부했던 윌리엄 하비는 이탈리아의 파도바로 여행을 떠났어요.

그는 스승인 아콰펜덴테 출신 히에로니무스 파브리치우스가 직접 행하는 해부를 관찰했어요. 그리고 정맥에는 작은 판막이 있어서 혈액은 한 방향으로밖에 흐르

지 못한다는 걸 알아냈지요.

생명의 기계

살아있는 동물의 해부를 통해, 하비는 혈액이 심장의 오른쪽에서 나와 폐로 가고, 다시 심장의 왼쪽으로 돌아간 뒤 동맥으로 전달된다는 걸 밝혀냈어요. 심장은 펌프처럼 작동해 혈액을 동맥으로 밀어 보내고, 일방통행용 판막 때문에 혈액은 정맥을 통해 심장으로 다시 돌아오는 거지요. 그러면 이 혈액은 다시 폐로 가서 산소를 채운 다음 몸 전체를 돌아 순환합니다. 하비는 최초로 심장에 신비한 것이 없다는 걸 알아낸 사람이었어요. 심장은 그저 근육으로 이루어진 펌프였답니다. 어쩌면 인체는 흥미로운 기계 장치에 지나지 않을지도 몰라요.

❓ 여러분이라면?

인체의 작동 원리는 주로 해부를 통해 밝혀냈어요. 즉 죽은 사람의 시체, 종종 처형당한 범죄자의 몸을 절개해서 여는 거지요. 1500년대부터 해부학 학생들은 강의실에서 해부를 직접 볼 수 있었어요. 해부학자들이 너무 해부에 몰두하다 보니 정부에서는 무덤에서 시체를 훔치려는 사람들을 막기 위해 법을 통과시켜야 하기도 했어요. 여러분은 해부학을 연구하기 위해 시체에 손을 대는 걸 허용해야 한다고 생각하나요? 만약 안 된다고 생각한다면, 어떤 방법으로 해부학에서 새로운 발견을 할 수 있을까요?

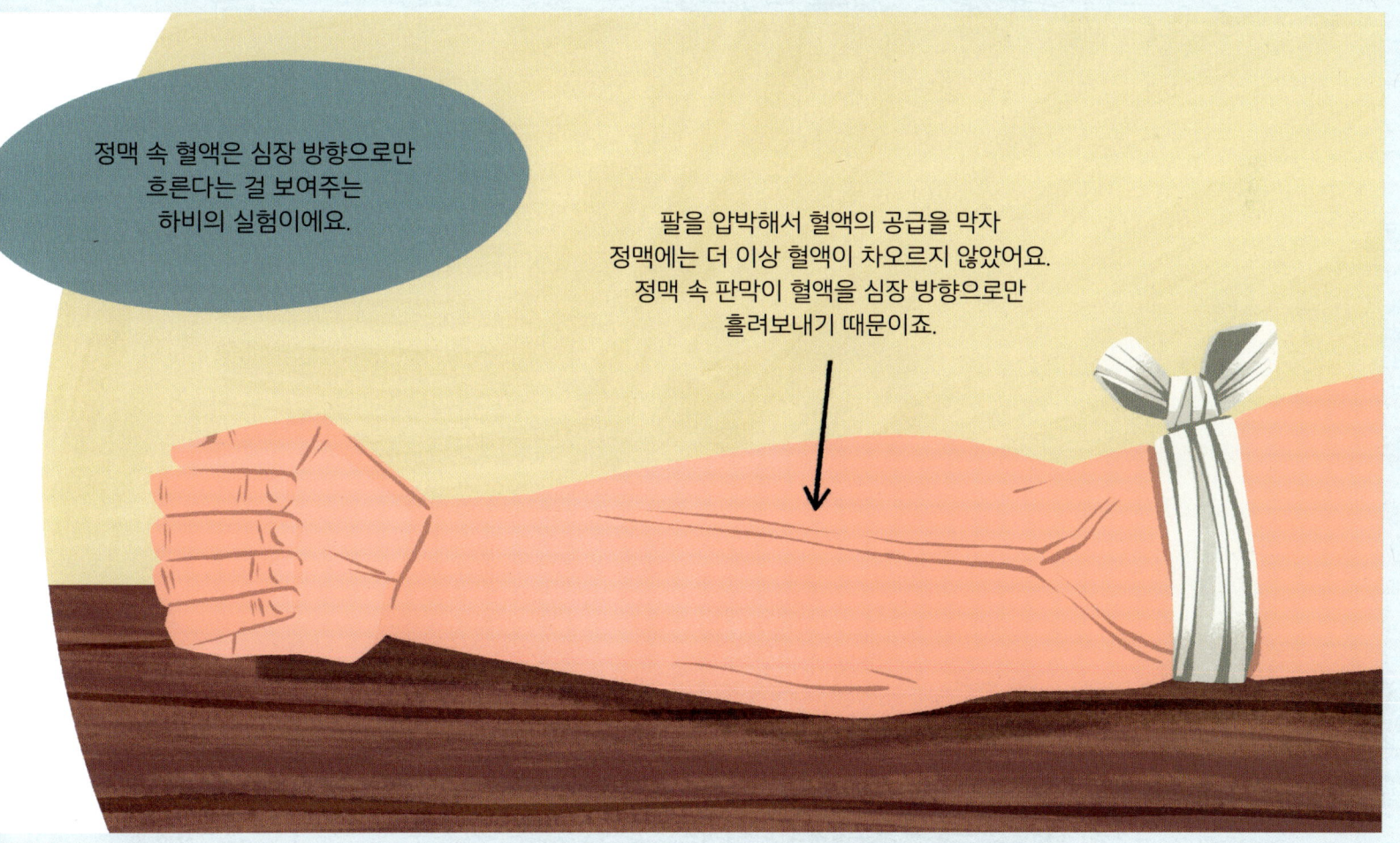

정맥 속 혈액은 심장 방향으로만 흐른다는 걸 보여주는 하비의 실험이에요.

팔을 압박해서 혈액의 공급을 막자 정맥에는 더 이상 혈액이 차오르지 않았어요. 정맥 속 판막이 혈액을 심장 방향으로만 흘려보내기 때문이죠.

세균설

현미경으로만 보이는 박테리아와 곰팡이류, 즉 세균에 의해 질병이 생기기도 한다는 걸 맨 처음 주장한 사람은 11세기 이슬람의 작가 이븐 시나였어요. 물론 현미경이 1590년에 발명되었기 때문에 그가 현미경으로 세균을 관찰한 건 아니었어요. 당시엔 박테리아처럼 작은 걸 볼 수 있는 방법이 없었답니다.

이후 다른 과학자들도 비슷한 이론을 생각해 냈어요. 이탈리아 의사 지롤라모 프라카스토로도 1546년 <전염과 전염병에 대하여>라는 책을 냈지요. 이후 한 세기도 지나지 않아, 현미경을 적극적으로 사용했던 네덜란드의 과학자 안톤 판 레벤후크는 그의 새로운 기구를 이용해 사람의 입 속 박테리아를 연구했어요. 그때까지만 해도 박테리아가 병원균이나 질병과 관련이 있을 거라고 생각하는 사람은 아무도 없었어요. 대부분의 사람들은 공기 중의 보이지 않는 구름, '미아즈마'에 질병이 퍼진다고 믿고 있었거든요.

세균 사냥

세균이 질병을 퍼트린다는 이론이 나오기까지는 160년의 시간이 더 걸렸어요. 1840년 이 이론을 내세운 주인공은 바로 독일의 과학자 프리드리히 구스타프 야코프 헨레였어요. 그리고 그의 제자 로베르트 코흐가 박테리아를 현미경으로 관찰하기 쉽게 염색하는 방법을 고안해 스승의 이론을 좀 더 다듬었어요. 그 결과 세균학자라는 완전히 새로운 과학자들이 장티푸스, 폐결핵(코흐가 발견), 이질 등 특정한 질병을 일으키는 특별한 박테리아를 찾아 나서기 시작했어요.

프랑스의 선구자

세균 이론의 또 다른 선구자는 프랑스의 화학자 루이 파스퇴르였어요. 그는 상한 식초를 연구해 달라는 요청을 받고 그때부터 미세한 생물에 관심을 갖게 되었어요. 그는 액체 속 효모에 들어있는 '막대 모양 세균'이 공기를 통해 전달되고 이것이 식초를 상하게 한다고 결론지었어요. 파스퇴르는 식초나 우유 같은 액체를 가열하고 냉각시켜 세균을 없애, 액체의 부패를 막는 방법을 생각해냈어요. 그래서 이 과정을 파스퇴르의 이름을 따 '파르퇴리제이션(저온살균)'이라 부르게 되었죠.

파스퇴르는 광견병 예방 접종법도 발견했어요. 치명적인 질병을 일으킬 수 있는 광견병 바이러스는 당시의 현미경으로 관찰이 불가능할 정도로 작았는데도 말이죠. 그는 약해진 세균을 환자에 주입하면 면역력을 키울 수 있다는 걸 알아냈답니다.

과학자 루이 파스퇴르 (1822-1895)를 만나 봐요

파스퇴르의 가장 큰 업적은 자연 발생 이론이 틀렸음을 입증한 것이었어요. 원래는 세균처럼 아주 작은 동물들은 공기 중에서 저절로 생겨난다고 믿었거든요. 1860년대가 되어서야 사람들은 세균설을 믿게 되었어요. 파스퇴르가 미생물은 미생물로부터만 생겨날 수 있다는 걸 증명하는 여러 가지 실험을 선보였거든요.

비타민 C

배를 타고 세계 일주를 하게 된다면 어떨까요? 너무 재미있겠죠? 그럼 50%의 확률로 잇몸이 썩거나, 피부에서 피가 나거나, 죽을 수도 있다고 생각해 보세요. 그래도 여행을 갈 건가요? 실제로 1600년대와 1700년대 선원들은 괴혈병 때문에 이런 걱정을 해야만 했어요.

오랫동안 신선한 음식을 먹지 못해 비타민 C가 부족해진 선원들에겐 괴혈병이 찾아왔어요. 초기 중국 선원들은 이 병을 막기 위해 생강을 먹었고, 이후 인도와 북아메리카 사람들은 유럽인들에게 감귤류나 익힌 솔잎을 먹으면 이 병을 이겨낼 수 있다고 알려주었어요. 하지만 유럽인들은 이런 방법을 무시하거나 잊어버렸죠.

오렌지와 레몬

1747년 스코틀랜드 의사 제임스 린드는 괴혈병에 걸린 선원을 치료하기 위해 해군함에 타게 되었어요. 여러 치료를 해보던 린드는 오렌지와 레몬이 괴혈병 치료에 효과가 있다는 걸 알아냈어요. (사과주스도 도움이 됐죠.)

하지만 왜 그런지는 몰랐어요. 린드 역시 그 시대 사람들과 마찬가지로 괴혈병이 썩은 음식이나 건강하지 못한 환경 때문에 생긴다고 생각했거든요.

영국 해군은 인도까지 가는 배의 선원들에게 매일 레몬주스를 먹게 했고 결국 아무도 괴혈병에 걸리지 않았어요. 해군은 모든 선원들에게 레몬주스를 먹이기 시작했죠. 그럼에도 불구하고 일부 사람들은 괴혈병을 막기 위해선 그저 건강을 유지하면 된다고 생각했어요. 실제로는 감귤류 과일이나 음식에 들어있는 비타민 C를 섭취하는 것이 예방법인데 말이죠.

필수 비타민

1800년대 후반, 과학자들은 음식에 무엇이 들어있는지 연구하기 시작했어요. 1912년 폴란드의 생화학자 카시미어 풍크는 음식에 들어있는 영양분을 'vitamines'라고 불렀어요. 생명에 꼭 필요하다는 뜻의 '바이탈vital'과 질소화합물인 '아민amine'을 합친 말이었죠. 다만 모든 물질에 아민이 다 들어있는 게 아니라는 걸 알게 된 후로는 'vitamins'로 이름이 바뀌었어요.

특정한 비타민이 부족하면 질병이 생길 수 있어요. 예를 들어, 흰쌀을 주식으로 먹는 곳에서 생기는 각기병은 비타민 B1이 부족해서 생기는 병으로 신경이나 심장에 영향을 줘요. 오늘날 우리는 A, B(8가지), C, D, E 그리고 K까지 알파벳으로 이름붙인 비타민 총 13가지를 알고 있어요.

✚ 과학자 도로시 호지킨(1910-1994)을 만나 봐요

비타민 B12는 1948년 발견되었어요. 바로 영국 화학자 도로시 호지킨이 그 구조를 분석했지요. 그녀는 엑스레이를 이용해 생체 분자 결정 이미지를 밝혀냈던 선구자였어요. B12에 대한 연구 덕분에 그녀는 1964년 노벨상을 탄 세 번째 여성 화학자가 되었답니다. (비타민 B12 연구로 네 명의 남성들도 노벨상을 받았어요.)

예방 접종

코로나19가 전 세계적으로 유행하는 동안, 과학자들은 새로운 질병에 맞설 백신을 만들어내기 위해 열심이었어요. 하지만 백신은 전혀 새로운 게 아니에요. 몇 세기 동안 우리와 함께 했었죠.

약 1000년 전 중국인들은 알고 있었어요. 온몸이 물집으로 뒤덮이는 천연두라는 질병이 무척 위험할 수 있지만, 한 번 걸렸다가 살아난 사람은 다시는 천연두에 걸리지 않는다는 걸 말이죠. 약 1000년 경, 중국의 한 승려는 천연두 물집을 덮고 있는 딱지로 가루를 만들었어요. 건강한 사람이 코로 그 가루를 빨아들이면 면역이 생겨 천연두가 걸리지 않았거든요. 좀 역겹게 느껴질 수도 있지만 이 방법은 실제로 효과가 있었어요. '인두법'이라고 불리는 이 방법은 아시아에 널리 이용되었답니다.

치명적인 질병

1800년대 동안 과학자들은 광견병 같은 위험한 질병을 막아줄 백신을 만들었어요. 1952년에는 미국의 의사 조너스 소크가 소아마비 백신을 개발했어요. 1955년에서 1959년 사이, 4억 5천만 명이 넘는 사람들이 소아마비 백신을 접종했고, 그 결과 환자수가 극적으로 줄어들었어요. 1980년에는 세계보건기구가 전 세계에서 천연두가 완전히 퇴치되었다고 선언했어요.

백신이 어떻게 작용하는 건지 잘 모르는 사람들은 백신을 겁내기도 해요. 현대의 백신은 질병을 일으키는 세균과 바이러스의 해롭지 않은 부분으로 만들어져요. 신체가 이러한 침입자를 인식하면 혈액은 그들을 목표로 하는 킬러 세포를 만들어내고, 그것들이 신체 내부에서 증가하는 것을 막습니다. 백신을 통해 실제 질병에 대한 저항력을 높여주는 거죠.

소들아 고마워!

하지만 이 방법으로도 천연두를 완전히 막을 순 없었기에 좀 더 나은 치료법이 필요했어요. 1796년 영국의 의사 에드워드 제너는 우유 짜는 여자들이 우두라는 가벼운 질병을 앓고 나면 천연두에 걸리지 않는다는 걸 발견했어요. 제너는 우두에 걸린 소의 물집에서 고름을 채취하여 소년의 팔에 발랐어요. 소년은 가볍게 우두를 앓았어요. 그리고 이번엔 제너가 소량의 천연두를 직접 몸에 주입해 보았는데, 천연두에 걸리지 않는다는 걸 알게 되었어요. 제너는 백신이 안전하다는 걸 증명하기 위해 많은 실험을 했고, 50여 년 만에 천연두 환자가 아주 크게 줄었답니다.

튀르키예야 고마워!

1700년대 초, 영국 외교관의 아내, 메리 워틀리 몬테규는 지금의 튀르키예 위치에 있던 콘스탄티노플에 살고 있었어요. 그녀는 거기서 인두법이 유행하는 것을 목격했어요. 자신의 오빠도 천연두로 죽고 본인도 1715년 천연두에 걸렸다 살아난 적이 있기 때문에 그녀는 자신의 자녀들에게 인두법을 시술했어요. 그녀는 영국과 유럽에도 이 기술을 전파했고, 그 결과 부자들 사이에서 인두법이 유행하게 되었답니다.

위생

병원에 가보면 여러분이 현대에 태어난 게 얼마나 행운인지 알 수 있을 거예요. 질병 확산을 막기 위해 병원의 모든 것들이 철저하게 관리되어 있으니까요. 하지만 불과 150년 전만 해도 병원 환경이 너무 좋지 않아서 사람들은 병원에서 병이 더 심해지기도 하고 죽기도 했어요.

위생이 좋아야 건강에도 좋다는 사실은 너무 뻔한 이야기 같지만, 1800년대 중반만 해도 사람들은 이 사실을 잘 몰랐어요. 물론 루이 파스퇴르와 로베르트 코흐가 세균이 질병을 퍼트린다는 사실을 확인하기 전에도 (52쪽 참조), 청결한 위생을 강조하던 사람은 있었어요. 예를 들어 1857년 오스트리아 의사 이그나스 제멜바이스는 의사들에게 분만을 돕기 전 감염 예방을 위해 손을 씻으라고 권장했어요.

깨끗하게 박박

크림전쟁(1853-56) 기간 동안, 영국의 간호사 플로렌스 나이팅게일은 간호사들을 데리고 튀르키예에 가서 영국 육군 병원을 운영했어요. 부상보다는 다른 질병으로 죽어가는 병사들이 더 많다는 걸 알아차린 나이팅게일은 곧바로 그 이유를 깨달았어요. 바로 병원이 너무 지저분하고 물자가 부족했던 거예요.

나이팅게일은 부상이 심하지 않은 환자들에게 병동을 깨끗이 청소하게 했어요. 간호사들에겐 정기적으로 침구를 빨고 환자를 씻게 했으며, 신선한 공기가 순환할 수 있게 창문을 열었어요. 그러자 사망률이 3분의 2로 떨어졌어요. 나이팅게일은 위생과 건강의 관계에 대한 통계를 수집하여 현대 간호의 토대를 마련했어요.

최전방에서

1849년 엘리자베스 블랙웰은 미국 의과 대학을 졸업한 최초의 여성이었어요. 그녀는 전 세계를 돌며 가난한 생활 환경이 질병에 어떤 영향을 주는지 연구했어요. 미국 남북전쟁(1861-65) 동안 블랙웰은 부상당한 사람들을 조직적으로 돌보기 위해 여성 중앙구호협회 설립을 도왔어요. 그녀는 육군 간호사 교육감인 도로시 딕스와 함께 육군 병원의 위생 시설을 개선하자는 캠페인을 벌였고, 그 결과 다른 의료 전문가들도 위생이 환자의 회복에 매우 중요한 요소임을 깨닫게 되었어요.

❓ 여러분이라면?

남북전쟁 동안 실제 전투보다 이질로 죽은 병사들이 두 배는 더 많았어요. 더러운 하수도는 열려있고, 질병을 퍼트리는 벼룩과 모기가 수도 없이 많아서, 군대 캠프의 위생은 형편이 없었어요. 수많은 병사들이 제한된 공간에서 함께 살아야 한다면 여러분은 건강을 유지하기 위해 어떤 위생 규칙을 만들 것 같나요?

➕ 선구자 메리 시콜 (1805-1881)을 만나 봐요

자메이카 사업가 메리 시콜은 크림전쟁이 벌어지는 동안 간호사로 활약했어요. 그녀는 최전방에서 병사들을 돌봐 '마더 시콜'이라는 별명을 얻었죠.

항생제

항생제는 박테리아에 의한 감염을 막음으로써 수백만 명의 생명을 구했어요. 하지만 쉽게 구할 수 있었던 최초의 항생제, 페니실린은 스코틀랜드 과학자 알렉산더 플레밍이 우연히 발견한 것이었어요.

사람들은 수천 년 전부터 일부 생물학적 물질이 감염을 예방할 수 있다는 걸 알고 있었어요. 고대 이집트인들은 상처에다 곰팡이 핀 빵을 갖다 대기도 했죠. 하지만 이걸 바탕으로 치료법을 만들어내지는 못했어요. 1800년대만 해도 폐렴과 설사로 죽는 사람이 전 세계에 수백만 명은 되었으니까요.

세포 물들이기

1870년대 당시 학생이던 독일 의사 파울 에를리히는 화학 염료로 세포를 염색하다가, 염료에 따라 서로 다른 종류의 박테리아가 염색이 된다는 사실을 발견했어요. 그는 이 사실을 바탕으로 다른 인체 부위를 손상시키지 않으면서 박테리아만 죽일 수 있는 화학물질을 개발해야겠다고 생각했어요. 그리고 1909년 에를리히와 그의 일본인 동료 사하치로 하타는 매독을 일으키는 박테리아를 죽이는 화학물질을 발견했지요.

조심성이 없어서 오히려 잘 됐군!

알렉산더 플레밍은 정리 정돈을 잘 못 하는 사람이었던 것 같아요. 그런데 그 덕분에 굉장한 걸 발견했어요. 1928년 그는 박테리아를 키우고 있던 페트리 접시를 뚜껑도 닫지 않고 아무렇게나 방치했어요. 그러다 접시에서 자란 곰팡이가 그 박테리아를 죽인 걸 알게 되었죠. 그는 그 푸른 곰팡이를 분리해 페니실리움 노타툼이라는 이름을 붙였어요.

대량생산

10년 후, 옥스퍼드 대학의 과학자 팀은 페니실린을 항생제로 대량생산하는 방법을 고민하기 시작했어요. 다음해 제2차 세계 대전이 터지자 그들은 더 다급해졌어요. 마침내 1944년, 연합군이 나치가 점령한 유럽을 공격했을 때, 그들은 부상당한 병사들 수천 명의 목숨을 살릴 수 있는 페니실린을 공급받을 수 있었어요.

질병의 파괴자

'항생제'라는 말을 가장 처음 사용한 사람은 우크라이나 출신 미국 미생물학자 셀먼 왁스먼이었어요. 왁스먼은 흙 속의 미생물을 연구하여 15가지 이상의 항생제를 분리해냈고, 그 중 두 가지는 페니실린에 저항력이 있는 감염을 치료할 때 널리 사용되고 있어요. 왁스먼의 제자인 알버트 샤츠와 엘리자베스 부지에가 발견한 스트렙토마이신은 결핵이라는 심각한 질병을 치료할 수 있는 최초의 항생제였죠.

엘리자베스 부지에

진통제

두통 때문에 알약이나 물약을 먹어본 적 있나요? 흔히 진통제는 현대에 만들어진 발명품이라고 생각할지 몰라요. 하지만 바빌로니아 왕국과 고대 그리스, 어쩌면 그 전부터 사람들은 진통제를 사용했어요. 그 중 일부는 오늘날 우리가 사용하는 것들과 매우 유사하기도 했고요.

현재 튀르키예에 위치한 고대 아시리아의 의학서에는 양귀비 식물과 그 수액에서 채취한 약이 등장해요. 양귀비와 그걸 재료로 만든 약인 아편은 신체에서 보내는 통증 신호를 뇌가 감지하지 못하게 막아줘요.

식물성 진통제

그리스인들은 버드나무 같은 다른 식물에서도 약효를 찾았어요. 아기를 낳을 때 버드나무 껍질을 씹거나 버드나무 껍질로 만든 차를 마시면 통증을 줄일 수 있었어요. 아즈텍을 포함한 남아메리카 사람들은 기나나무 껍질로 모기에 의해 전파되는 질병인 말라리아를 치료했어요. 이러한 자연 요법은 자손 대대로 전달되었죠.

화학물질 연구

1800년대 전반 유럽 과학자들은 이러한 자연 물질에 실제로 의학적인 효과가 있는지 실험을 하기 시작했어요. 1820년 프랑스 과학자들은 기나나무 껍질에 있는 퀴닌 성분이 말라리아에 효과가 있음을 알아냈어요. 그리고 1828년 독일의 약리학자 요한 안드레아스 뷔히너는 버드나무 껍질에 진통 효과가 있는 이유는 살리실산 때문임을 알아냈고요. 과학자들은 이 원재료에서 퀴닌과 살리실산을 분리해 약을 만드는데 사용했지요.

독일 화학자 펠릭스 호프만은 실험실에서 살리실산을 합성하는 데 성공하여, 1899년 아스피린이라는 새로운 약을 만들어 팔기 시작했어요. 이는 전 세계로 팔려나간 최초의 약품이었죠.

❓ 여러분이라면?

약은 만든다고 끝이 아니에요. 만약 여러분이 기적의 진통제 역할을 할 만한 물질을 발견했지만, 몇몇 사람들이 거기에 중독돼 자신의 삶을 망쳐버렸다고 상상해 보세요. 여러분은 그 약을 계속 만들어 판매할 건가요? 이건 그냥 상상이 아니라 실제로 일어나고 있는 일이에요. 아편이 든 약 중에는 몽롱한 상태를 느끼게 하는 것이 있는데 여기에 심각하게 중독된 사람들이 있어요. 다른 문제가 있어서 의사에게 약을 처방 받았지만, 일단 한 번 먹기 시작한 뒤로는 약을 끊기가 너무 힘들어지는 거죠. 당연히 건강에도 심각한 부작용이 생겨요. 아편이 포함된 약 때문에 미국에서만 매년 4만 명 이상이 목숨을 잃고 있다고 해요.

슈퍼 사이언스

수학 & 화학

고대 그리스의 플라톤과
르네상스 이탈리아의 갈릴레오 갈릴레이부터
현대의 우주론자에 이르기까지, 과학자들은 수 세기 동안 우주를
가장 잘 이해할 수 있는 수단은 수학이라고 믿어 왔어요.
게다가 물질의 가장 기본이 되는 화학 물질인 원소를
연구할수록 수학의 중요성은 더욱 강조되었어요.
원소를 구성하는 원자의 구조는 그들이 포함하고 있는
아원자 입자의 수, 그들이 운반하는 전하,
심지어 회전 속도까지 모두 수학에 의해 결정된다는 것이
밝혀진 것이죠. 우리 눈으로 볼 수조차 없는 이 입자들에 대한
이해가 커지면서 소위 원자시대로 가는 길이 열렸답니다.

0 (영)

'0'을 발견했다고 하면 마치 아무 것도 발견하지 못한 것 같지만, 사실 '0'의 발견은 굉장한 것이었어요. 그것은 수학을 바꾸어 놓았고, 컴퓨터와 스마트폰의 발명을 가능하게 했지요.

0은 얼핏 간단하게 들리지만 생각보다 훨씬 복잡한 개념이에요. 실제로 자연에는 존재하지 않으니까요. 예를 들어, 사과가 없다고 말해 보세요. 여러분에겐 사과가 없을 때가 많을 거예요. 하지만 여러분에겐 다른 것도 없을 때가 많아요. 딱히 사과가 필요하지도 않은데 사과가 없다는 걸 알아차릴 수 있을까요? 0개의 사과가 있다고 기록할 이유가 있을까요? 아무 것도 없음은 무언가가 없다는 것이고 그게 바로 '0'이라는 거예요. 헷갈리나요? 괜찮아요. 수천 년 동안 다른 사람들도 그랬으니까요!

빈자리 메꾸기

자연에서보다는 수학에서 '무'를 찾기가 더 쉬워요. 수학에서 0은 두 가지 용도가 있어요. 하나는 큰 숫자를 쓸 때에요. 오늘날 우리가 사용하는 계산 체계(엄밀히 따지자면 힌두-아라비아 숫자 체계)에서는 숫자의 값을 나타내기 위해 숫자의 위치를 이용해요. 103이라는 숫자는 100 한 개와 3이 있다는 뜻이고, 0은 10의 자리가 비어있음을 나타내요. 0은 그저 아무것도 없는 자리에 그냥 끼워 넣는 용도인 거죠. 기원전 약 1600년, 고대 메소포타미아 사람들은 같은 방식으로 이중 쐐기 모양을 사용했어요.

무의 의미

0의 두 번째 용도는 양적인 부족, 부재를 상징하는 것이에요. 이는 400년대 중반 인도에서 처음 생겨났어요. 인도 상인들은 장부에 0을 표시하기 위해 까만 점을 사용했어요. 브라마굽타라는 인도 수학자는 628년, 0의 의미 그리고 그것이 수학에서 맡은 역할을 정의했어요.

널리 퍼진 0

0이라는 개념은 이슬람 세계를 거쳐 1100년대에 유럽에 전해졌어요. 그 사이 페르시아의 학자 무하마드 이븐무사 알콰리즈미 같은 사람은 0의 개념을 더 발전시켰고요. 이제 0은 우리가 아는 속이 빈 원 모양이 되었어요. 이탈리아 수학자 피보나치는 0과 1에서 9까지의 숫자가 누구나 쓰기 쉽다는 걸 깨달았어요. 예전 숫자 체계에 비하면 훨씬 간단해진 거예요. 그러니 계산도 훨씬 더 쉬워졌어요. 드디어 수학이 전문 수학자뿐만 아니라 모두의 것이 되었어요.

+ 과학자 아차리아 핑갈라 (기원전 3-2세기)를 만나 봐요

기원전 3세기 또는 2세기의 인도 학자 핑갈라는 오로지 두 개의 숫자로만 수를 나타내는 이진법을 최초로 생각해 냈어요. 핑갈라는 두 수의 값을 '무거움'과 '가벼움'이라고 불렀고, 동시에 '존재'와 (불교에서 '공'이라고 부르는) '무'를 표현했어요. 오늘날 모든 컴퓨터 프로그램은 1과 0을 이용한 이진법에 의존하고 있어요. 스마트 기기도 전부 마찬가지죠.

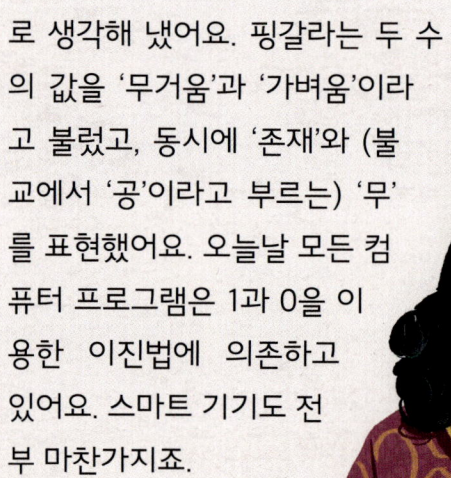

메소포타미아인들은 '설형문자'를 이용해 점토판에 0을 표시했어요.

무하마드 이븐무사 알콰리즈미

피보나치

브라마굽타

컴퓨터 언어

컴퓨터는 이진법으로 프로그래밍 됩니다. 일반적으로 0과 1이라는 두 개의 기호만 사용하지요. 이진법을 이용하여 의사소통을 할 수 있을 거라고 생각한 최초의 인물은 약 2000년 전 인도의 학자 핑갈라였어요. 시간이 흘러 1600년대 독일의 고트프리트 빌헬름 라이프니츠 같은 사람들도 이진법에 흠뻑 빠졌죠.

하지만 당시엔 컴퓨터가 없었으므로 이진법이 컴퓨터 언어가 될 순 없었어요. 1830년대 영국의 공학자 찰스 배비지는 기계식 기어 장치를 이용해 수학 계산을 하는 '해석 기관'을 발명했어요. 하지만 오늘날의 계산기 정도의 크기가 아니었어요. 방 하나를 차지할 정도로 규모가 컸답니다!

영국의 수학자 에이다 러브레이스는 배비지의 발명품을 보고, 구멍이 열리기도 하고 닫히기도 하는(이진법을 이용하는) 펀치 카드를 쓰면 더 다양한 계산을 할 수 있을 거라고 생각했어요. 비슷한 펀치 카드가 천을 짜는 직조기에도 사용되는 걸 보고 그녀는 말했어요. "자카드 직조기가 꽃무늬 패턴을 만들 듯, 해석 기관은 대수 패턴을 짠다." 러브레이스는 최초의 컴퓨터 프로그램을 개발한 사람으로 인정받고 있어요.

논리적이군

한편 또 다른 영국 수학자는 논리(수학적 사고 방식)를 일련의 단순한 수학 계산으로 줄여서 나타낼 수 있는지 고민했어요. 1854년 조지 불은 참과 거짓이라는 두 개의 가치에 근거한 '논리 대수'를 고안해 냈어요. 참과 거짓을 나타내기 위해 사용한 기호는 당연히 1과 0이었죠.

불은 컴퓨터를 염두하지 않았지만, 그가 죽은 지 약 75년 후인 1940년, 미국의 수학자 클로드 섀넌은 초기 컴퓨터의 온/오프 스위치들의 연결된 구조가 불 논리와 정확히 일치한다는 것을 깨달았어요. 섀넌은 0과 1이라는 두 가지 간단한 명령어를 기반으로 모든 종류의 수학 계산에 이 회로를 사용할 수 있다고 확인했어요. 그리고 오늘날 이 '불 논리'는 많은 프로그래밍 언어에서 사용되고 있지요.

➕ 과학자 그레이스 호퍼(1906-1992)를 만나 봐요

1940-50년대, 미국 해군의 수학자 그레이스 호퍼는 이해하기 어려운 컴퓨터 언어 때문에 고생을 했어요. 그래서 영어 단어를 이용해 프로그램을 훨씬 쉽게 만들 수 있는 새로운 프로그램 언어를 개발해 냈어요. 그리고 영어로 된 용어를 최초의 전자 컴퓨터가 읽을 수 있는 코드로 변환시켜주는 '링커'도 발명했지요.

대수학

수 세기 동안 숫자로만 수학을 하던 사람들이 문자로 하는 수학, 즉 대수학을 시작했어요. 숫자가 포함되어 있지 않는데도 불구하고 이 대수학이 있으면 완전히 새로운 문제를 만들고 풀 수 있었기 때문에 역사상 가장 뛰어난 수학 천재들은 여기에 완전히 열광했답니다!

대수학은 근본적으로 미지의 값을 계산하기 위해 기호와 방정식을 이용하여 수학적 문제를 해결하는 방법입니다. 여기서 방정식은 수학적 문장을 말해요. 대수학은 숫자 대신 x나 y같은 문자를 사용하는데, 여기서 숫자는 알려져 있지 않아요. 따라서 방정식 $12-x=4$에서 x는 8과 같다는 걸 알 수 있어요. $12-8=4$니까요.

X+Y=대수학

대수학은 거의 4천 년 전, 현재 이라크에 위치한 고대 바빌로니아 사람들이 처음으로 사용하기 시작했어요. 그들은 숫자가 적혀 있는 정육면체와 정사각형을 이용해 방정식을 풀었고, 부드러운 점토판과 갈대로 만든 펜으로 계산을 기록했어요.

이집트인, 고대 그리스인, 인도인, 중국인들도 제각기 대수학을 발전시켰어요. 하지만 현대의 대수학과 가장 비슷한 걸 떠올린 사람은 바빌로니아에 살고 있었죠. 무하마드 이븐무사 알콰리즈미는 페르시아에서 태어났지만 지금의 이라크인 바그다드에서 주로 살았어요. 그리고 약 820년 경 그의 대표적인 책인 <복원과 대비의 계산>을 썼어요.

방정식 = 재미있는 것

알콰리즈미는 방정식의 좌우 변에 있는 항을 줄이는 방법을 보여 주었어요. 예를 들어 양쪽에 똑같이 존재하는 항을 제거한 뒤 남아있는 식의 균형을 맞추는 방식이었죠. 그는 방정식 풀이를 그 자체로 답을 가지고 있는 수학적 문제로 보았으며, 이는 현대 서양 수학을 형성하는 전통이 되었습니다.

대수학은 실용적인 문제를 해결하기 위해 수학을 사용하는 것과는 별개로 자체적인 연구 분야가 되었으며, 17세기 프랑스 철학자 르네 데카르트를 비롯하여 역사상 가장 유명한 사상가들을 끌어 들였어요. 그는 방정식에서 아직 밝혀지지 않은 항을 나타내기 위해 x를 사용한 최초의 인물이었어요.

지혜의 집

알콰리즈미는 지혜의 집에서 공부를 했어요. 이곳은 압바시드 제국의 뛰어난 학자들이 모여 공부를 하던 바그다드의 교육 기관이었죠. 알 킨디는 이곳에서 그리스 책을 아라비아어로 번역했고, 개와 늑대가 조상이 같다는 걸 처음으로 이야기한 이라크 출신 아부 우스만 알자히즈도 여기서 공부했어요. 그 외에 천문학이나 광학 분야 학자들도 눈에 띄는 성취를 거뒀고 새로운 기계 장치도 많이 발명됐어요.

공기 물 불 흙

공기의 성질

오늘날 과학자들은 기체에 대해 많은 것을 알고 있어요. 우주엔 그 무엇보다 기체가 많다는 것, 그 중에서도 수소와 헬륨이 전체의 98%를 차지한다는 걸 알고 있죠. 우리의 몸은 공기 중의 산소를 흡수하고 이산화탄소를 내뱉는다는 것도 알아요. 하지만 1600년대까지만 해도 사람들은 공기가 서로 다른 기체들의 혼합물이라는 걸 몰랐답니다.

고대 그리스인들은 공기가 생명에 중요하다는 걸 알고 있었어요. 세상을 이루고 있는 네 가지 '원소'인 공기, 물, 흙, 불에 포함될 정도였죠. 기원전 5세기 그리스의 엠페도클레스는 세상 만물이 이 4원소의 서로 다른 결합에 의해 만들어진 거라고 주장했어요.

이 이론은 중세까지 이어졌어요. 사람들은 여전히 공기가 원소라고 믿었지만 안개처럼 다른 형태로 나타나기도 한다고 생각했어요.

텅 빈 공간 속으로

1600년대 초, 벨기에의 화학자 얀 밥티스타 판 헬몬트는 숯을 태웠을 때 나중에 남은 재의 양이 원래의 숯 양보다 훨씬 적다는 걸 깨달았어요. 그는 숯의 일부가 눈에 보이지 않는 물질의 형태로 방출된다고 생각했고, 그의 생각이 옳았어요.

지금 우리는 숯을 태우면 이산화탄소가 방출된다는 걸 알고 있지만, 판 헬몬트는 몰랐기에 그는 이 보이지

얀 밥티스타 판 헬몬트

다니엘 러더퍼드

않는 성분을 그리스어 'chaos(컴컴한 빈 공간이라는 뜻)'에서 착안하여 'gas'라고 불렀어요.

유독한 공기

처음으로 과학자들은 공기가 서로 다른 기체들로 이루어졌다는 생각을 하게 되었어요. 1700년대 과학자들은 다양한 화학물질을 태우고 거기에서 생성된 기체를 모아 분석하기 시작했어요. 당시에는 연소를 시키면, 즉 어떤 물질을 태우면 모든 연소 물질에 들어있는 '플로지스톤' 성분이 방출된다고 생각했어요.

1772년 스코틀랜드 의사 다니엘 러더퍼드는 공기 중의 이산화탄소를 제거하여 그가 '플로지스톤 공기', 즉 유독한 공기라고 부르는 것만 남겨놓았어요. 이 공기 안에선 그 무엇도 탈 수 없고 숨을 쉴 수도 없었기 때문이죠. 이후 이 기체는 공기의 78%를 차지하는 질소로 밝혀졌어요.

다양한 기체

뒤이어 산소와 수소도 발견되었어요. 산소는 우리 주변 공기의 21%를 차지하고, 나머지 1%는 수소, 이산화탄소 그리고 '귀족 기체'라고 불리는 것들로 이루어져 있었어요.

이 귀족 기체는 1890년대 말이 되어서야 그 정체가 밝혀졌어요. 바로 아르곤, 헬륨, 네온, 크립톤, 제논, 라돈이었죠. 이들은 공기 중에 거의 비슷한 양이 포함되어 있었고 굉장히 안정적이라 다른 물질과 쉽게 반응하지 않았어요. 그런 이유로 '귀족 기체(비활성 기체)'라는 이름이 붙은 거예요. 주기율표(74-75쪽 참조)에서도 따로 분리된 그룹을 이루고 있죠. 심지어 '아르곤'은 너무 반응이 없어서 '게으른 기체'라는 뜻이랍니다.

주기율표

대부분의 과학자들은 92개의 화학 원소가 지구에 자연적으로 생겨난다는 것, 그리고 몇몇 원소는 몇 그램밖에 존재하지 않을 정도로 양이 적다는 것에 동의하고 있어요. 현재 알려진 원소는 모두 118개지만 새로운 것이 발견되면 또 바뀔 수도 있어요. 그리고 새로운 원소는 130년 전에 고안된 주기율표에 자리를 차지하게 되겠죠.

주기율표를 만든 러시아인 드미트리 멘델레예프는 상트페테르부르크에서 화학을 공부하고 이후 교수가 된 사람이에요. 그는 러시아어로 된 최초의 무기화학(탄소를 포함하지 않는 화학) 교재를 쓰다가, 이미 알려진 원소들을 논리적인 질서에 맞춰 배열해 보기로 결심했어요.

카드를 이용하세요

물론 이전에도 원소를 배열해 보려고 시도한 화학자들은 있었지만, 원소들을 일목요연하게 정리할 특징을 찾아내지 못했어요. 심지어 원소가 존재한다는 걸 믿지 않는 화학자들도 있었어요. 멘델레예프는 카드에 각각의 원소, 원자량, 원소의 성질을 적었어요. 그리고 원자량의 크기에 따라 카드를 세로로 늘어놓기 시작했어요. 그리고 원소의 성질이 바뀔 때마다 그는 새로운 세로줄을 추가했어요.

마침내 멘델레예프는 7개의 가로줄, 즉 '주기' 그리고 17개의 세로줄, 즉 '족'으로 이루어진 표를 완성했어요. (여기엔 따로 분리되어 있는 두 줄짜리 표까지 포함되어 있어요.) 각 족은 원자의 바깥껍질 속 전자 개수가 같아서, 화학적으로 비슷한 방식으로 반응을 해요. 예를 들어 알칼리 금속으로 불리는 1족 원소들은 모두 차가운 물과 만나면 강렬한 반응을 보이죠. 이를테면 나트륨은 물과 만나면 거품이 생기면서 부글거려요. 18족의 비활성 기체들은 냄새와 색이 없고 느리게 반응하고요.

성질의 변화

처음 만들어진 이후 주기율표는 계속해서 수정이 되고 있어요. 멘델레예프도 2년이 지난 1871년 17개의 원소를 삭제했어요. 그는 빈틈에 꼭 맞는 원소가 없으면 빈 칸으로 비워 두었다가 새로운 원소가 발견되면 다시 채워 넣었어요. 멘델레예프가 '에카붕소', '에카알루미늄', '에카실리콘'이라고 이름 붙이고 발견되길 기다렸던 원소는 실제로 나중에 발견되었고, 각각 스칸듐, 갈륨, 게르마늄이라는 이름이 붙었어요.

여성과 원소

원래 원소 이름은 여러 가지 사물을 본떠서 지었는데 그 중에는 여성 화학자의 이름을 딴 것도 있어요. 원소 109번 마이트너륨은 1917년 프로트악티늄을 발견했던 오스트리아계 스웨덴 물리학자 리제 마이트너를 기념하기 위해 지은 이름이에요. 폴로늄은 화학자 마리 퀴리의 고향인 폴란드에서 온 이름이고, 레늄은 발견자 이다 노다크의 고향인 독일의 라인 강에서 유래한 이름이에요. 프랑슘 역시 화학자 마거리트 페레이의 고향인 프랑스에서 따온 거죠.

마이트너륨
Mt
109

빌헬름 뢴트겐

앙리 베크렐

방사능

방사선은 해로울 수 있다는 이유로 평판이 좋지 않지만, 실제로는 우주에서 가장 중요한 전자기 에너지 중 하나예요. 방사선은 눈에 보이지 않는 에너지 형태이며 다양한 물질을 관통할 수 있기 때문에 종종 생물의 질병을 유발할 때가 있어요. 하지만 생물에 아무런 해가 없는 방사선 형태도 많이 있어요. 심지어 사람의 뼈에서도 방사선이 나오기도 하니까요!

방사선은 우연히 발견되었어요. 독일 물리학자 빌헬름 뢴트겐이 1895년 엑스레이를 발견한 후, 프랑스 물리학자 앙리 베크렐은 태양 에너지에서 엑스레이를 만들어낼 수 있는지 연구를 하고 있었어요. 그는 우라늄을 함유하고 있는 사진 건판을 햇볕에 내놓았어요. 그런데 날이 흐린 날 햇빛이 없는데도 불구하고 건판에서 에너지가 방출되었어요. 바로 우라늄에서 나오는 에너지였죠.

돌멩이에서 놀라운 발견을?

폴란드 출신 프랑스 물리학자 마리 퀴리는 남편인 피에르와 함께 방사선을 연구하기 시작했어요. 그들은 우라늄을 함유하고 있는 광석을 발견하고 거기서 우라늄을 추출했는데, 우라늄을 추출하고 난 이후에도 광석에 더 많은 방사성 물질이 남아있다는 걸 알게 되었어요. 그들은 광석에 다른 종류의 방사성 물질이 있을 거라고 결론을 내리고 '방사능'이라는 단어를 생각해 냈어요. 그들은 4년 동안 다양한 광석을 수집하여 실험

한 뒤, 1898년 폴로늄과 라듐이라는 새로운 물질을 발견했어요.

입자물리학

1910년대 뉴질랜드 출신 어니스트 러더퍼드는 방사선에 대해 열심히 연구했고, 원자의 구조를 이해할 수 있는 놀라운 발견을 했어요. 그는 방사선에도 여러 가지 종류가 있다는 걸 알아냈어요. 알파입자는 아주 크고 느리게 움직이며 다른 물질을 거의 통과하지 못해요. 베타입자는 그보다 작고 더 빨리 움직이지만 그래도 쉽게 통과하질 못해요. 감마입자는 멀리 떨어진 곳의 물질도 통과할 수 있으며 인체에 매우 위험해요.

 **과학자 퀴리 가족을 만나 봐요**

퀴리 가족은 정말 놀라운 과학자 가족이에요. 마리와 피에르 그리고 그들의 딸 이렌, 사위인 프레데리크가 받은 노벨상이 다섯 개나 된대요. 마리 퀴리는 노벨상을 획득한 최초의 여성이자 두 번 획득한 최초의 인물이기도 해요. 그녀는 의학 분야에서 방사선을 효과적으로 사용할 수 있도록 수많은 연구를 했어요.

원자설

우주의 모든 것이 아주 작은 입자로 이루어져 있다는 생각은 고대 그리스에서 시작되었어요. 원자(atom)라는 단어는 그리스어로 '나눌 수 없는'이라는 뜻이에요. 원자는 더 이상 작게 쪼갤 수 없다는 뜻이죠. 1800년대 말까지는 모든 과학자들이 그렇게 믿었어요. 하지만 그렇지 않다는 증거들이 발견되었죠.

18세기 동안 크로아티아의 수학자겸 천문학자 로저 보스코비치는 원자는 모두 동일하며 물질의 성질은 원자가 얼마나 멀리 떨어져 있는지에 따라 결정된다고 주장했어요. 그리고 1803년 영국의 화학자 존 돌턴은 기체는 더 이상 쪼갤 수 없는 작은 입자로 이루어져 있으며, 이 입자들은 서로 결합하여 혼합물, 즉 '분자'를 만들 수 있다고 결론지었어요. 그의 주장은 틀린 부분이 많았지만 그래도 그의 이론은 원자를 이해하는 데에 중요한 한 걸음이 되었지요.

더 작은 것?

더 이상 쪼갤 수 없는 원자에 대한 생각은 1830년대까지 이어졌어요. 그러던 중 영국의 과학자 마이클 패러데이는 용해된 화합물을 포함하고 있는 물에 전류를 통과시키는 실험을 했어요. 그는 전류가 전력에 의해 뭉쳐있는 원자를 분리시킨다고 추측하며, 원자는 사실 더 작은 '아원자' 입자로 이루어져 있는 게 아닐까 하는 의견을 냈어요.

1897년 영국 물리학자 J. J. 톰슨이 패러데이의 의견이 사실임을 확인했어요. 톰슨은 '혈구'라고 불렀던 전자를 발견했는데, 원자란 자두 케이크 푸딩 같은 것이라서, 양전하를 띄는 밀가루 반죽 곳곳에 음전하를 띄는 자두가 박혀 있는 모양이라고 설명했어요.

새로운 모델

하지만 1911년 또 다시 새로운 이론이 등장했어요. 톰슨의 제자였던 뉴질랜드 출신 영국 물리학자 어니스트 러더퍼드는 원자의 중앙엔 단단한 핵이 있고 움직이는 전자가 그 핵을 둘러싸고 있다고 했어요.

한편 러더퍼드의 덴마크인 동료 닐스 보어는 전자들이 원형 궤도를 따라 움직인다는 의견을 냈어요. 그리고 1932년 영국 물리학자 제임스 채드윅은 양성자와 중성자가 원자의 핵을 형성한다는 것을 밝혀내며 이 이론이 완성되었어요.

✚ 과학자 마리아 괴페르트 메이어 (1906-1972)를 만나 봐요

오늘날 과학자들은 원자의 핵은 양성자와 중성자가 단단하게 뭉쳐진 중심부이며, 그것을 둘러싼 전자는 구름과 같다고 생각해요. 핵의 안정성은 그것이 포함하고 있는 양성자와 중성자의 수에 달려 있고요. 이 '핵 껍질 모형'은 1940년대 말 수많은 과학자들에 의해 제안된 것이며 그 중에는 독일 출신 미국인 마리아 괴페르트 메이어도 포함되어 있었어요. 메이어는 원자를 안정적으로 만드는 양성자와 중성자의 수, 소위 마법의 숫자가 2, 8, 20, 28, 50, 82, 126임을 계산해 냈어요.

핵분열

모든 원자에는 양성자와 중성자를 가지고 있는 핵이 있어요. 대부분의 원자는 혼자 두면 별 반응을 보이지 않지만 거대한 폭탄에 맞먹는 에너지를 분출할 수 있어요. 여러분은 전등 밑에서 이 책을 읽고 있나요? 아마 그 전기는 원자 내부에 갇혀있는 에너지로 전기를 만들어 내는 발전소에서 만들어졌을 거예요.

폭탄이든 발전소든 에너지를 만들어 내기 위한 핵반응은 세상에서 가장 유명한 방정식 $E=mc^2$으로 설명할 수 있어요. 아인슈타인의 이 방정식에 따르면 에너지(E)는 질량(m)에 빛의 속도(c^2)를 곱한 값과 같아요. 적은 질량으로도 엄청난 양의 에너지를 방출할 수 있어요. 원자들을 억지로 충돌시키면 그들의 질량이 에너지로 변환되지요.

눈길을 걷다가

1930년대 이전 과학자들은 원자의 구조를 밝혀내느라 바빴어요(78-79쪽 참조). 일단 원자 구조를 밝혀내고 나자 이젠 원자핵의 정체를 알아내려 했지요. 그 방법 중에 하나는 우라늄에 중성자를 퍼붓는 것이었어요. 오스트리아의 물리학자 리제 마이트너와 동료인 오토 한이 함께 이 실험을 하다가 바륨의 동위원소라는 걸 만들어냈어요.

당시 핵에 대한 과학적 지식으로는 가능한 일이 아

니었기 때문에 두 사람은 아주 신기하게 생각했어요.

1938년 마이트너는 조카이자 동료 물리학자인 오토 프리슈와 크리스마스를 보내고 있었어요. 두 사람은 눈길을 걷다가 나무 둥치 앞에 멈춰 서서 토론을 벌였죠. 바로 그때 마이트너와 한의 실험을 설명해 줄 수 있는 아이디어가 떠올랐어요. 바로 핵은 물방울과 같다는 것이었어요. 중성자가 계속해서 핵을 때리면 핵의 중심부는 늘어지고 얇아지다가 결국 두 개의 작은 핵으로 깨질 수 있다는 것이었죠. 그리고 이 과정에서 엄청난 양의 에너지가 나오는 거고요.

연쇄 반응

프리슈는 이 발견을 정리하면서 생물학자들이 세포가 나뉠 때 사용했던 용어인 '분열'을 사용했어요. 핵분열은 연쇄 반응으로 계속해서 몇 번이고 반복적으로 일어날 수 있어요. 우주의 아주 작은 입자들로 거대한 양의 에너지를 만들 수 있는 거죠.

❓ 여러분이라면?

핵분열로 원자 폭탄을 만들 수 있어요. 한 번에 수만 명의 목숨을 앗아갈 수 있는 엄청나게 강력한 폭탄 말이에요. 마이트너는 자신의 발견이 원자 폭탄 제작에 도움이 되었다는 사실, 그리고 세계 2차 대전(1939-1945)에서 일본을 물리칠 때 그 원자 폭탄이 이용되었다는 사실에 큰 충격을 받았어요. 여러분이 대단한 걸 발견했는데, 여러분이 원하지 않는 방식으로 다른 사람들이 그것을 사용하려 한다면 과연 기분이 어떨까요? 여러분은 자신의 발견이 어떻게 사용되는지 발견자가 계속 통제해야 한다고 생각하나요?

5.

태양에서
세 번째 행성
지구

우리의 조상들은 이 행성과 긴밀한 조화를 이루며 살았어요.
사막과 늪, 산과 협곡 등 다양한 형태의 땅에서도,
그리고 지구의 기후에 영향을 미치는 거대한 시스템인
물의 순환에서 큰 부분을 차지하는 바다에서도 말이죠.
과학자들은 세계를 면밀히 관찰함으로써, 세계를 형성하는
숨겨진 구조들뿐만 아니라 인간이 세계에 해를 끼칠 수 있다는
사실을 깨달았어요. 이러한 발견은 향후 수십 년 동안
모든 이들의 삶의 형태에 중요한 역할을 할
환경 운동의 출현으로 이어졌어요.

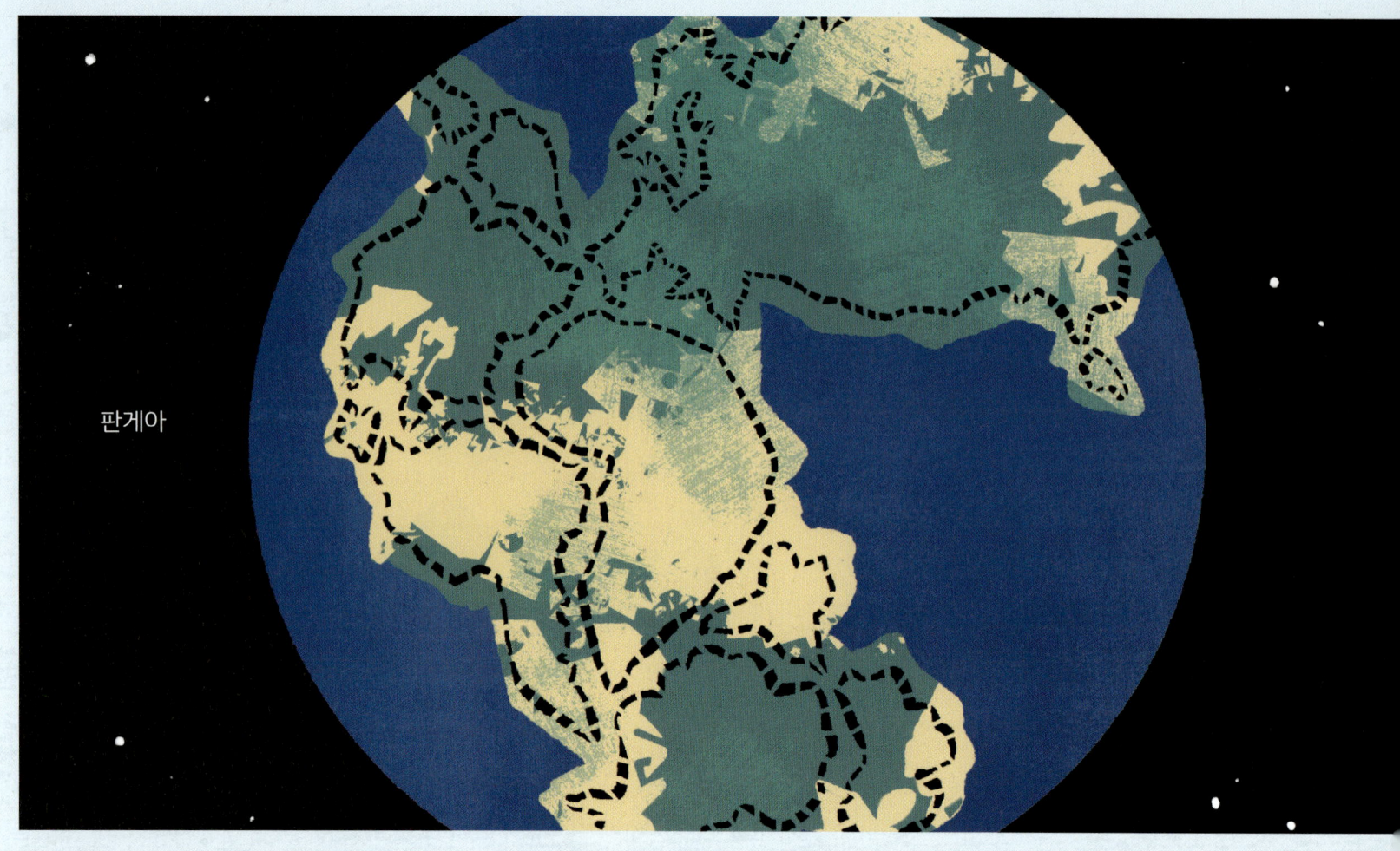

판게아

대륙 이동

85쪽의 세계 지도를 보세요. 아메리카 대륙과 아프리카 대륙에서 어떤 점이 눈에 확 띄나요? 저 두 대륙을 이어붙이면 서로 아귀가 맞을 것 같지 않나요? 두 대륙은 서로 2,500킬로미터나 떨어져 있는데 말이죠.

두 대륙 간의 유사성을 처음으로 발견한 건 1500년대 말이었어요. 종종 유럽의 '발견의 시대'라 불리던 때였죠. 물론 이미 그곳에 살고 있는 사람들에겐 그곳이 '발견되고 있다'는 게 당황스러웠겠지만 말이에요. 네덜란드의 지도 제작자 아브라함 오르텔리우스는 남아메리카와 아프리카가 한때는 붙어 있었지만 지진과 화산 때문에 분리되었을 거라는 주장을 했어요.

거길 어떻게 갔지?

3백년 후, 암반층을 연구하던 지질학자들은 한때 지구의 대륙이 다 연결되어 있다는 사실에 점점 더 확신을 갖게 되었어요. 하지만 그것이 어떻게 이동하였는지는 아는 사람이 없었죠.

1912년 독일 지질학자 알프레트 베게너는 대륙 이동설이라는 이론을 갖고 나왔어요. 그는 모든 대륙이 판게아라는 커다란 하나의 땅덩어리였지만 점점 떨어져 이동했다고 말했어요. 30년간 과학자들은 그의 이론을 받아들이지 않았어요. 대륙이 무슨 수로 움직였는지 설명할 수 없었으니까요. 그러던 중 20세기 후반기에 들어서 새로운 이론이 나타났어요. 바로 판 구조론이었죠.

오늘날의 대륙

판 구조론

이 이론으로 베게너의 주장이 옳았음이 증명되었어요. 정말로 대륙이 이동한 거죠. 대륙은 맨틀이라고 불리는 반고체 상태의 암석층 위에 떠 있는 커다란 판이에요. 지구의 핵에서부터 뜨거운 물질이 솟아 나오고 반대로 더 차가운 암석은 가라앉으며 맨틀은 끊임없이 움직이죠. 그러면 더불어 지구를 이루는 일곱 개의 커다란 판과 작은 판들도 같이 움직이게 되겠죠. 판이 만나는 가장자리엔 종종 화산과 지진의 흔적이 보여요. 또한 판들이 서로 밀어내는 곳에서는 지각을 밀어 올려 히말라야 같은 거대한 산맥이 만들어집니다.

➕ 과학자 마리 타프(1920-2006)를 만나 봐요

1950년대 미국의 해양학자 마리 타프는 판 구조론의 미스터리를 풀었어요. 대서양 해저의 지도를 만들던 그녀는 대서양의 남북을 가로지르는 깊은 지구대를 발견했어요. 맨틀에서부터 새로운 암석이 솟아 나와 양쪽의 판과 만나는 지점이었죠. 바로 이 부분이 1년에 2.5센티미터 정도의 속도로 유럽과 아프리카를 양쪽으로 밀어내고 있어요.

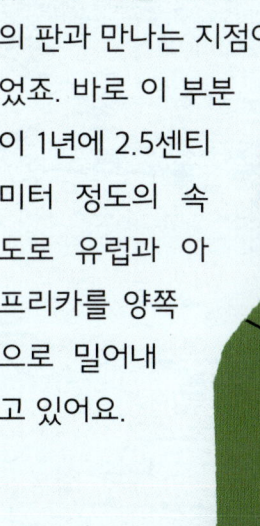

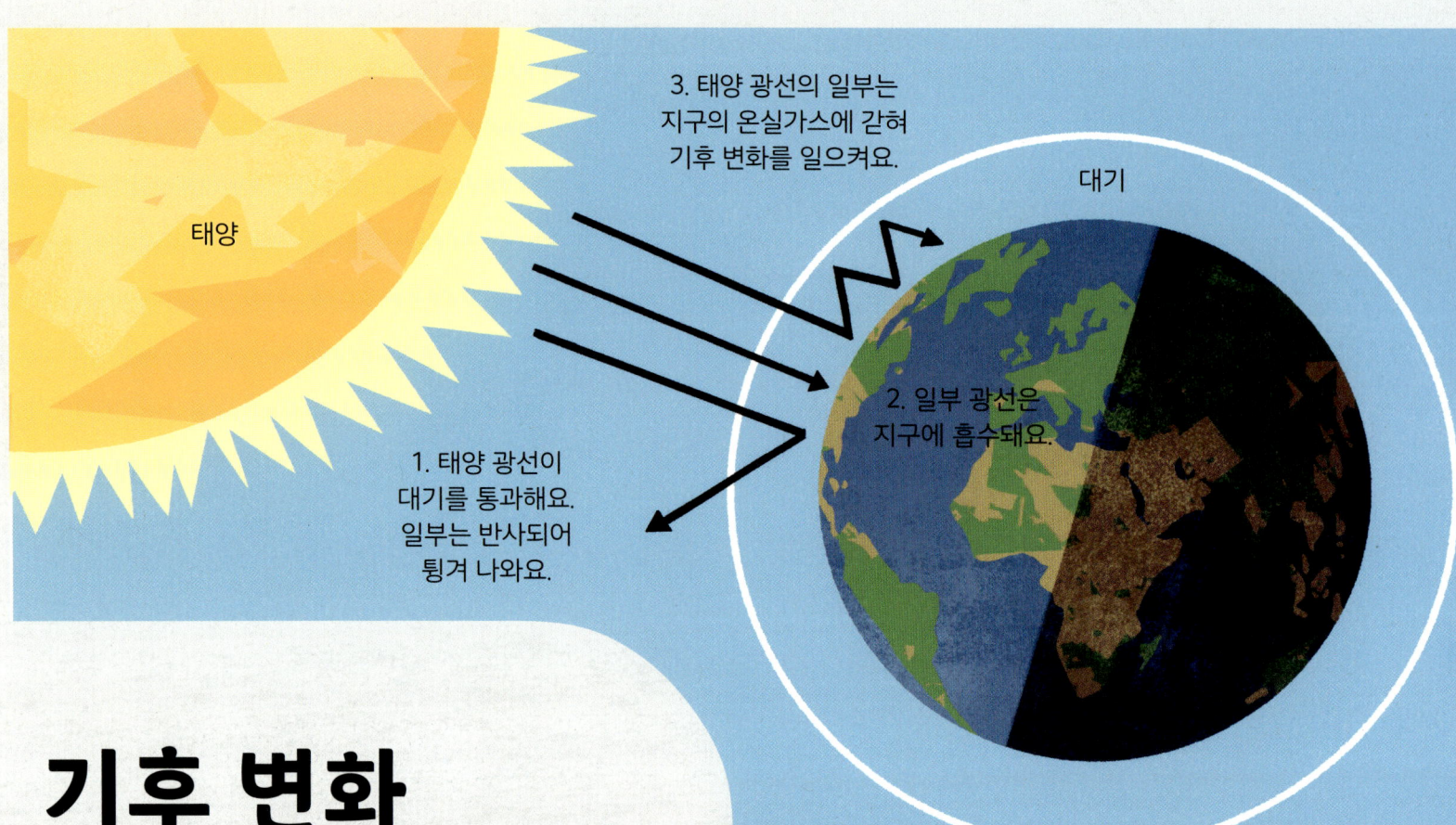

기후 변화

우린 기후 변화 때문에 지구의 기온이 상승하면 얼마나 해로운지 다 알고 있어요. 2019년 185개국 수백만 명의 사람들이 기후 변화를 막자며 행진을 했어요. 여러분도 그중 한 명이었을지 모르겠네요. 기후 변화를 처음 발견한 사람은 이 효과가 긍정적일 수도 있을 거라고 생각했었다네요…

19세기 스웨덴의 과학자 스반테 아레니우스는 지구 대기 중 이산화탄소가 증가하는 것을 보고 지구의 기온도 상승할 거라고 추측했어요. 아레니우스는 지구가 왜 따뜻해졌다가 추워지는 단계를 반복했는지 조사하다가, 화석 연료 때문에 늘어난 대기 중의 이산화탄소가 태양 에너지를 가둬 '온실 효과'를 일으킬 거라고 주장했어요. 그는 사람들이 '좀 더 온화한 날씨와 덜 척박한 환경' 속에서 살아갈 수 있을 거라며 온실 효과를 긍정적인 것으로 착각했어요.

모두 인간 때문

20세기 중반 캐나다 출신 공학자 가이 스튜어트 캘린더는 아레니우스의 주장에 동의했어요. 그는 지구가 점점 더워지고 있다는 것을 분명하게 보여주기 위해 자료를 수집했고, (대기 중 이산화탄소의 증가를 유발하는) 인간의 활동이 이 온도 상승에 큰 역할을 한다고 주장했어요.

눈앞의 위기

아레니우스와 캘린더 같은 사람들이 토대를 마련해 준 덕분에 1970년대에 기후 변화는 주요 쟁점으로 떠올랐어요. 1945년에서 1975년 사이에 지구 기온은 떨어졌지만, 그 후 다시 상승하기 시작했고 이제 문제는 더욱 시급해졌어요. 과학자들은 인간의 활동 때문에 지구 기온이 거침없이 상승할 수 있다고 경고하기 시작했어요. 인간이 대기 중으로 배출하는 이산화탄소의 양은 매해 놀라울 정도의 속도로 늘어나고 있어요.

1980년대 말, 미국의 제임스 핸슨 교수 같은 전문가들의 연구 덕분에, 전 세계 과학자들은 인간의 활동이 기후 변화를 일으켰으며 지구에 대한 장기적인 피해를 막기 위한 긴급한 조치가 필요하다는 데 대체로 동의하게 되었어요. 이로 인해 현대 기후 변화 운동이 시작되었고 지구를 구하기 위한 학교 파업도 생겨나기 시작했어요.

과학자 유니스 뉴턴 푸트 (1819-1888)를 만나 봐요

유니스 뉴턴 푸트는 이산화탄소가 대기를 뜨겁게 할 수 있다는 걸 처음으로 주장한 사람이었어요. 그녀는 이산화탄소와 다른 여러 기체들 중 어떤 기체가 열기를 가장 많이 가두는지 실험했고, '대기 중 이산화탄소가 지구 온도를 높일 수 있다'는 결론을 내렸어요. 그녀의 발견은 책으로 출간되었지만 알려지지 않고 있다가 2010년 우연히 재조명을 받았어요.

자연보호

인간은 늘 주변 환경과 상호작용을 해 왔고, 환경을 변화시키기도 합니다. 농사지을 땅을 만들기 위해 숲을 태우는 경우도 있지요. 초기 인류는 주변 환경에 깊은 존경심을 갖고 있었고, 아메리카 원주민 같은 근대 인류도 마찬가지였어요. 하지만 인류는 우리 주변 세계에 심각한 해를 끼칠 수도 있답니다.

1700년대 후반, 산업이 발달하고 오염 물질을 만들어내는 기계가 생겨나면서 환경 피해가 대규모로 발생하기 시작했고, 많은 사람들이 이런 사실에 경악하기 시작했어요. 1800년대 미국인들은 뛰어난 풍경들은 보호할 가치가 있다고 생각했고, 1872년 와이오밍의 옐로스톤에 최초의 국립공원을 조성해 모든 사람들이 그곳을 즐길 수 있도록 보호하게 했어요. 이것이 현대 자연보호 운동의 시작이에요.

새가 없는 미래

1900년대 전반기 세계 인구가 증가함에 따라 더 많은 집과 식량, 에너지가 필요해졌고 그 결과 환경 피해가 심해졌어요. 미국의 동식물 연구가 레이첼 카슨은 농부들이 곤충으로부터 농작물을 보호하기 위해 사용하는 살충제 때문에 피해가 일어난다는 걸 알게 되었어요.

1962년 카슨의 책 <침묵의 봄>은 DDT라는 살충제 때문에 새들이 더 이상 살아남지 못하는 세상을 상상

했어요. 그녀는 새가 없으면 생태계가 무너질 거라고 경고했지요.

그러자 농업 및 화학 회사들은 그녀가 과학적 진보를 거스르려 한다며 오히려 그녀를 비난하고 반대했어요. 하지만 카슨은 여론을 바꾸는 데 성공했고, 결국 1972년 미국 정부는 DDT 사용을 철저하게 제한하도록 했어요. 그로부터 14년 후 영국에서는 아예 DDT 사용이 금지되었어요.

❓ 여러분이라면?

카슨은 농업과 화학 산업 관계자들의 심각한 반대에 맞서야 했어요. 만약 여러분이 같은 입장이라면, 여러분은 어떻게 본인의 주장을 펼쳐 나갈 건가요? 시위나 행진을 할까요? SNS에 글을 올릴까요? 힘 있는 기업들이 여러분의 주장을 듣게 하려면 어떤 방법이 가장 효과적일까요?

➕ 과학자 마저리 스톤먼 더글러스 (1890-1998)를 만나 봐요

미국의 환경보호론자 마저리 스톤먼 더글러스는 플로리다의 에버글레이즈라는 독특한 습지를 보호하기 위해 캠페인을 벌였어요. 1969년에 그녀는 이 지역을 보호하기 위해 '에버글레이즈의 친구들'을 설립했어요. 그리고 79세의 나이로 미군부대 배수 공사와 설탕 회사 때문에 생겨나는 환경오염을 줄이기 위해 투쟁했지요.

해류

사람들이 육지에서부터 멀리 항해를 시작하자마자 그들은 바닷물이 움직인다는 걸 깨달았어요. 바람, 지구의 자전, 물의 온도, 대양의 깊이와 염도에 따라 해류는 끊임없이 이어진 패턴으로 움직이고 있어요.

이 해류를 가장 잘 이해했던 사람들은 태평양의 항해자들이었어요. 5만 년도 더 전에 동남아시아 사람들은 호주로 항해를 떠났어요. 당시 동남아시아와 호주는 지금보다 더 가까웠어요. 해수면도 낮았고 지금은 바다로 나뉘어져 있는 곳도 육로로 이어져 있는 곳이 많았어요. 하지만 그럼에도 불구하고 거리가 200킬로미터가 넘는 발리와 롬복 사이 같은 경우는 반드시 배로 지나야만 했지요. 한편 기원전 1500년경, 라피타 문화의 사람들은 태평양의 섬들을 가로질러 동쪽으로는 사모아, 남쪽으로는 뉴칼레도니아까지 퍼졌어요.

배를 타고 멀리 멀리

라피타 정착민들은 바람에 휩쓸려 우연히 새로운 섬에 도착한 게 아니었어요. 바람이 주로 동쪽에서 불어온다는 걸 알고 그들은 의도적으로 배를 조종했어요. 그들은 돛과 아웃리거(균형을 잡기 위한 두 번째 선체)가 달려있는 이중 선체 카누를 이용하여, 사람과 동물들을 새로운 터전으로 안전하게 옮겼어요.

정착민들은 주로 별을 보며 위치를 파악했지만, 해류와 바람에 대한 깊은 이해도 필요했어요. 태평양에는 4개의 주요 해류가 있기 때문에 특히나 바람이 많이 불 때면 항로를 유지하는 것이 상당히 어렵거든요.

나 여기 어딘지 알겠어!

항해자들은 위치 파악을 위해 별을 볼 뿐만 아니라 새의 움직임, (육지와 가깝거나 해류 위에 있으면 더 커지는) 파도의 크기, 구름의 색과 모양, 심지어 물의 냄새까지도 관찰했어요. 그들은 종종 배 바닥에 눕기도 했어요. 그래야 움직임이 더 쉽게 느껴졌기 때문이에요. 또한 막대기와 자갈을 이용해 하늘의 별, 섬, 해류를 표시하는 '도표'를 만들기도 했어요. 그리고 그들이 깨우친 항해에 대한 정보를 아루루와우라는 구전에 담아 입에서 입으로 다음 세대에 전달했어요.

약 1000년경 태평양의 섬 원주민들은 태평양의 중심 하와이에 도착했어요. 가장 가까운 이웃 섬에서 3,500킬로미터나 떨어진 곳에 말이에요.

훔볼트 해류

1802년 독일의 동식물 연구가 알렉산더 폰 훔볼트는 태평양의 온도를 측정하고 남아메리카 해안을 따라 시원한 물이 흐른다는 걸 발견했어요. 열대 바다는 보통 훨씬 더 따뜻한데, 그곳은 겨우 16°C밖에 되지 않았죠. 바로 바람이 심해의 물을 해수면까지 끌어올렸기 때문이에요. 전 세계에서 잡히는 물고기의 약 5분의 1은 바로 이 훔볼트 해류에서 나온다고 해요.

우리 행성 너머에

시간 & 공간

공상과학 영화에서 우주는 종종 최후의 개척지로 불려요.
더 먼 우주까지 관찰할 수 있게 해 주는 성능 좋은 망원경과
별에 존재하는 원소를 분석하게 해 주는 기계들 덕분에,
우주론자들은 우주의 구조와 그 안에서 우리의 역할에 대해
많은 것들을 배우고 있어요. 우주와 관련된 수많은
발견 대부분은 지난 세기 중에 일어났어요.
불과 100년 전만 해도 천문학자들은 우리 은하 외에
다른 은하가 존재하는 것조차 확신하지 못했답니다.
어떻게 보면 우주는 여전히 수많은 발견거리들을
숨기고 있는지도 몰라요.

행성 운동

고대 그리스인부터 초기 기독교인까지 모든 사람들은 지구 위 하늘이 지구와는 달리 완벽한 영역이라는 생각을 품고 있었어요. 그러면서도 이 지구가 우주에서 가장 중요한 곳이라고 생각했지요.

문제는 천문학자들이 밤하늘에서 발견한 것들과 이런 생각이 일치하지 않는다는 것이었어요. 행성과 지구의 거리는 계속 바뀌었고, 행성의 속도도 변했으며, 때로는 행성이 저 멀리 뒤로 멀어지는 것처럼 보이기도 했어요. 2세기 이집트-로마인 클라우디오스 프톨레마이오스 같은 초기 천문학자들은 이런 이해하기 힘든 점들을 설명하기 위해 행성들이 둥근 하늘 안에서 일련의 복잡한 원 운동을 하고 있다는 주장을 내놓았어요.

어쨌든 원운동은 확실해!

프톨레마이오스의 아이디어는 1,000년이나 이어졌어요. (서양에는 알하젠이라고도 알려진) 아랍 천문학자 이븐 알하이삼 같은 과학자들이 분명히 틀린 아이디어라고 지적했는데도 불구하고 말이죠. 1300년대 또 다른 아랍인 이븐 알샤티르는 그가 실제로 관측한 내용을 바탕으로 훨씬 더 단순하고 새로운 우주 모델을 제시했어요. 그는 프톨레마이오스와 마찬가지로 지구를 우주의 중심에 두고 다른 행성들이 원운동을 한다고 생각했어요. 대신 이전 시스템에서의 복잡한 특징들을 제거해버렸죠.

약 150년 후, 폴란드의 천문학자 니콜라우스 코페르니쿠스는 행성들이 지구가 아닌 태양 주위를 공전한다는 내용의 책을 출간했어요. 그의 아이디어는 이븐 알샤티르의 아이디어와 다른 점도 많았지만 기본적으로 많은 부분이 일치했어요.

관찰의 힘

코페르니쿠스는 태양을 우주의 중심에 놓긴 했지만 행성들의 움직임을 설명하는 데에는 아직도 어려움을 겪었어요. 그러던 중 티코 브라헤라는 덴마크의 귀족이 관측소를 세우고, 당시에 잘 알려져 있던 다섯 개의 행성을 매우 정확하게 관측하면서 이 수수께끼가 해결되었어요. 그리고 독일의 천문학자 요하네스 케플러가 브라헤의 관측을 분석한 결과 제대로 사실이 밝혀졌어요. 행성들은 완벽한 원을 그리며 움직이지는 않았지만 타원형 궤도를 따라 움직였고, 태양에 가까워지거나 멀어짐에 따라 움직이는 속도가 느려지거나 빨라지는 거였어요.

인간 컴퓨터

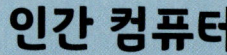

1960년대 미국 항공 우주국(NASA)은 우주 비행과 관련된 문제를 해결하기 위해 아프리카계 미국인 여성들을 '인간 컴퓨터' 즉 수학자로 고용했어요. 이들 중 한 명이었던 캐서린 존슨은 존 글렌이 타고 가기로 한 프렌드십7호의 정확한 우주선 궤도를 계산하였고, 그 결과 존 글렌은 지구 궤도를 비행한 최초의 미국인이 되었어요.

클라우디오스 프톨레마이오스

이븐 알샤티르

요하네스 케플러

니콜라우스 코페르니쿠스

은하

1700년대 프랑스 천문학자 샤를 메시에는 망원경을 이용해 혜성(태양 주위를 돌며 긴 꼬리를 남기는 먼지와 얼음 덩어리)을 관찰했어요. 메시에는 혜성을 13개나 찾는 데 성공했지만, 혜성처럼 흐릿하게 보이지만 움직이지 않고 고정되어 있는 물체를 발견하고는 뭔지 몰라 답답해 했지요.

메시에는 이 얼룩들, 즉 '성운'을 분류하기 시작했어요. 어떤 이들은 이 '섬우주'가 지구가 속한 은하인 우리 은하 밖에 있는 별들의 모임일 거라 생각했어요. 그러나 대부분의 사람들은 우리 은하가 우주 전체일 거라고 생각했기 때문에 그 성운도 우리 은하 안에 있는 가스 구름임에 틀림없다고 주장했죠.

마법의 망원경

그러던 중 1920년대, 미국의 천문학자인 에드윈 허블이 완전히 새롭고 강력한 망원경을 만들어 메시에가 발견했던 나선형 모양 얼룩을 관찰했어요. 그는 세페이드 변광성이라 불리는 별들을 이용하여 계산을 한 결과, 안드로메다 은하가 우리 은하 안에 있기에는 지구로부터 너무 멀리 떨어져 있음을 알아냈어요. 약 250만 광년이나 떨어져 있었거든요.

뒤에 0만 24개 붙는 숫자예요. 1,000,000,000,000,000,000,000,000!

우주에서 지구를 공전하고 있는 망원경, 허블 망원경이 먼 우주에 대한 연구를 열심히 해주고 있어요. 이 망원경의 이름은 은하를 발견한 인물인 에드윈 허블에게서 따온 거지요.

➕ 과학자 헨리에타 스완 리비트 (1868-1921)를 만나 봐요

허블이 안드로메다 은하까지의 거리를 측정할 때 이용했던 별인 세페이드 변광성은 맥박이 뛰듯 주기적으로 밝기가 변하는 별로, 1912년 동료 미국인 헨리에타 스완 리비트가 발견한 거예요. 리비트는 하버드 대학 천문대에서 일하면서 수천 장의 사진건판에 찍힌 다양한 별들을 분류했고 별이 깜빡이는 속도(주기)와 밝기 사이의 관계를 연구했어요. 리비트의 법칙이라고 알려진 이 관계를 이용하면 지구와 별 사이의 거리를 측정할 수 있어요.

그와 동시대 사람들은 그의 아이디어를 조롱했지만, 허블은 안드로메다는 우리와 다른 은하이며 우주엔 사람들이 상상한 것보다 훨씬 더 많은 은하가 있다고 주장했어요.

허블은 이 은하들의 모양을 타원형, 나선형, 렌즈형으로 분류했어요.

큰 우주, 큰 숫자

허블의 발견으로 갑자기 우주가 확 커졌어요. 가장 최근 추정치로는 우주엔 약 2,000억 개의 은하가 있대요. 일부 천문학자들은 10조 개 이상이라고도 하고요. 우리 은하 안에만 1,000억 개의 별이 있으니까 이 우주 전체엔 1,000억×10조 개의 별이 있을 수도 있어요. 1

암흑 물질

우리 은하에는 대략 1천억에서 4천억 개의 별이 있으며, 우주에는 아마도 2천억 개 이상의 은하가 있다고 해요. 그 모든 별, 행성, 달, 가스, 먼지, 식물, 동물 등이 모여서 우주를 구성하고 있지요. 그런데 과학자들이 알고 있는 물질은 우주의 물질 총량의 약 5%에 불과해요. 나머지 물질 대부분은 알려져 있지가 않아요.

이걸 어떻게 알았냐고요? 일단 눈에 보이는 것들이 어떻게 움직이는지 관찰했던 덕분이에요. 아이작 뉴턴이 1687년 중력 이론을 책으로 낸 이후(12-13쪽 참조), 천문학자들은 무언가 눈에 보이지 않는 큰 물체가 빛을 막거나 방향을 바꾸고 있는 게 아닌지 궁금해 했어요. 1700년대 프랑스 과학자 피에르 시몽 라플라스는 너무 거대해서 어떤 빛도 피할 수 없는 물체가 있을 거라고 추측했어요. (실제로 그가 말한 것과 무척 비슷한 블랙홀이라는 게 존재했죠.) 1846년에는 해왕성이 발견되었어요. 그 전까지 관측은 되지 않았지만 그 중력의 영향 때문에 존재할 거라고 예측하고 있던 행성이었죠.

남은 질량은 어디로?

1933년 스위스 천문학자 프리츠 츠비키는 코마 성단이라는 이름의 은하 집단을 연구했어요. 츠비키는 일단 은하들의 실제 질량을 계산했고, 두 번째로는 은하들이 하나로 뭉쳐있을 수 있게 충분한 중력을 가지려면 그 질량이 얼마나 커야 하는지 계산했어요. 그랬더니 두 번째 수치가 첫 번째보다 약 400배나 많았어요. 그는 알려지지 않은 무언가가 은하들을 하나로 묶고 있는 게 틀림없다고 판단했어요. 그리고 보이지 않는 그것을 '암흑 물질'이라고 불렀어요.

은하계의 수수께끼

놓쳐버린 질량이라고도 알려진 암흑 물질은 그 존재가 실제로 증명되기 전에도 수십 년 동안 이미 개념으로 존재하고 있었어요.

그 존재를 어떻게 알게 되었냐고요? 은하에서 방출하는 전자기 신호의 범위를 연구하는 천문학자들이 무언가를 깨달았기 때문이었죠. 그들은 은하 중심 근처의 물체와 은하 바깥쪽의 물체가 같은 속도로 회전한다는 걸 알게 되었어요. 은하 중심에 있는 별들이 훨씬 더 빨리 회전할 거라고 예상했기에 과학자들은 당황했어요. 그들은 무언가가 외부에 있는 별을 고정시키고 있을 거라 생각했어요. 그렇지 않으면 속도 때문에 우주로 날아가 버릴 테니까요. 하지만 별을 붙잡고 있는 그 물질이 무엇인지 알아낼 수가 없었어요. 우리가 아는 것과는 완전히 다른 새로운 종류의 물질이었으니까요.

증거가 있습니까?

암흑 물질의 증거를 제시한 최초의 천문학자 중에는 미국의 베라 루빈이 있어요. 여성 천문학자가 거의 없던 1970년대였기에, 루빈은 자기가 일하는 관측소에서 여성용 화장실 문에 붙일 여자 모양 종이를 손수 자르기도 했어요.

루빈과 동료 W. 켄트 포드는 포드가 직접 만든 도구(큰 망원경에 부착할 수 있는 원본 이미지 튜브 분광기)를 이용해 은하의 회전 속도를 연구했어요. 루빈은 암흑 물질에 대한 최초의 물리적 증거를 제시했고, 은하계에 있는 보통 물질보다 수적으로 5배에서 10배는 많을 거라고 예측했어요.

블랙홀

블랙홀은 사실 구멍이 아니에요. 질량이 너무 커서 빛도 새어 나가지 않을 정도로 거대한 물체이지요. 거대한 별이 생을 다 하고 스스로 붕괴되기 시작할 때 빛조차도 빠져나갈 수 없는 표면인 '사건의 지평선'이 만들어지면서 블랙홀이 생겨나요.

이 개념을 생각해 낸 독일 과학자 알버트 아인슈타인의 설명을 들어 봐요. 그는 일반 상대성 이론을 통해 중력이 무척 큰 물체는 마치 고무판 위에 올려놓은 무거운 공처럼 시간과 공간을 휘게 할 수 있다는 시공간 개념을 도입했어요. 블랙홀의 사건의 지평선에서는 시간이 느려지고 빛도 통과할 수 없는 게 이 때문이죠.

초 고밀도 블랙홀에 대한 아이디어는 1916년 독일 과학자 카를 슈바르츠실트가 내세운 것이었지만, 그보다 먼저 1783년 영국 천문학자 존 미첼이 있었어요. 미첼은 별들이 방출하는 빛의 속도를 가지고 별의 질량을 계산하려 했어요. 별이 더 클수록 중력 때문에 빛의 속도는 느려질 거라고 생각했죠. 만약 별이 충분히 크다면 중력 때문에 빛이 전혀 빠져나가지 않을 것이고, 그러면 별은 아예 관측이 되지 않겠죠.

당시 미첼에게 질 좋은 망원경, 계산기, 컴퓨터가 없었던 걸 감안하면 정확하진 않아도 크게 빗나가지 않은 추측이었어요. 하지만 그의 아이디어는 너무 시대를 앞서 있었기 때문에, 슈바르츠실트가 아인슈타인의 방정식을 풀고 블랙홀의 개념을 내세우기 전까지 주목을 받지 못했던 거예요.

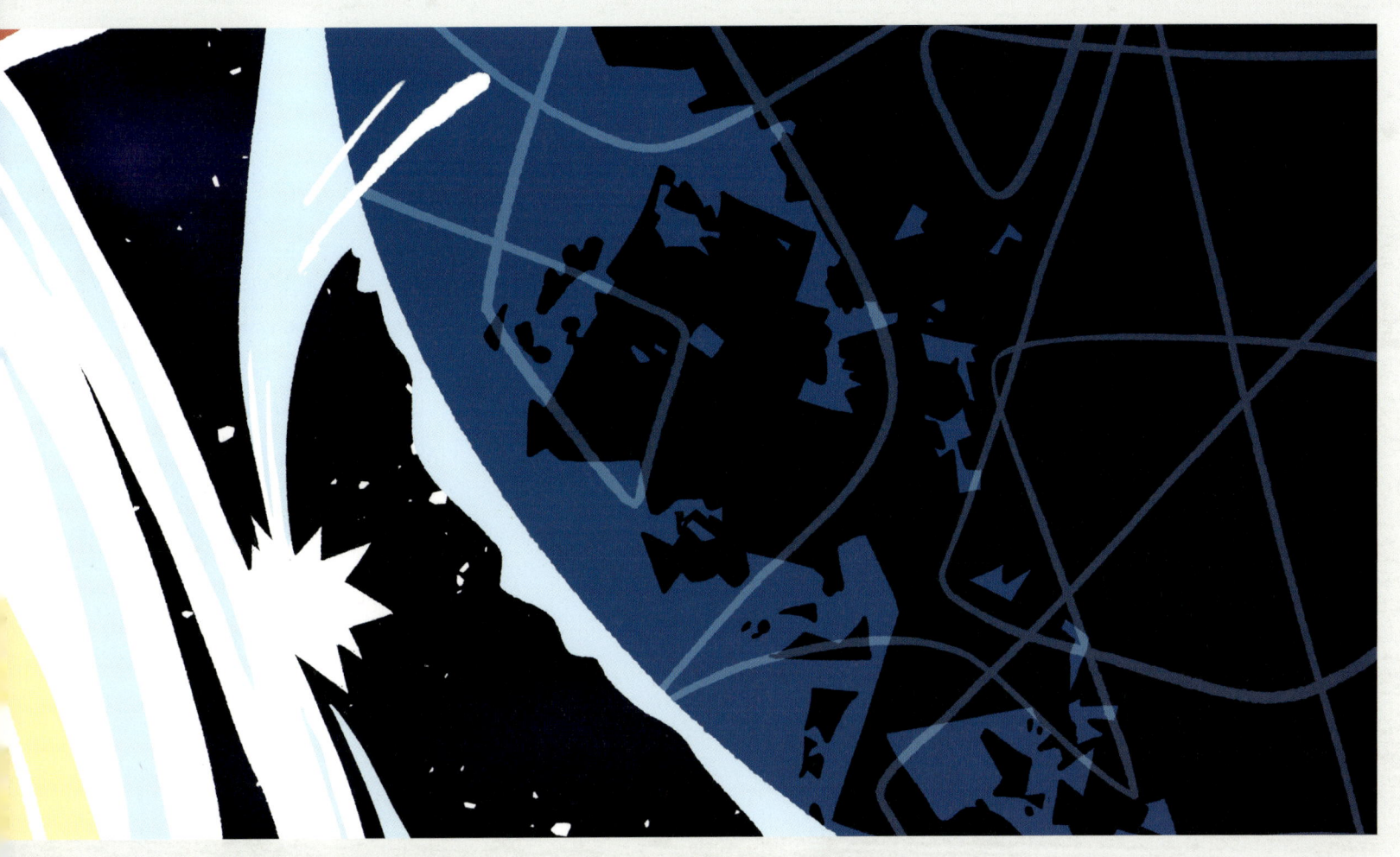

여전히 미지의 세계

블랙홀은 1960년대까지만 해도 이론으로만 남아있었어요. 그러던 중 영국 천문학자 조슬린 벨 버넬이 펄서(초거성이 자체 중력의 무게로 붕괴될 때 만들어지는 높은 밀도의 중성자별)를 발견했어요. 덕분에 거대한 별에 중력이 미치는 영향 그리고 그 궁극적인 결과물인 블랙홀에 대한 관심이 새롭게 생겨났어요. 1960년대와 70년대, 과학자들은 더 많은 연구로 블랙홀의 성질을 밝혀냈어요. 하지만 그것들은 여전히 가정일 뿐 제대로 입증이 되지는 못하고 있죠.

오늘날 우리는 블랙홀이 대부분 은하의 중심부에서 발생한다는 것을 알고 있어요. 물론 그 안에 무엇이 있는지는 또 다른 문제지만요.

백조자리 X-1

존 미첼은 블랙홀의 존재를 예측했을 뿐만 아니라, 블랙홀을 식별하는 가장 좋은 방법은 그 주위를 도는 별을 발견하는 것이라고 말했어요. 1972년 런던의 루이스 웹스터와 폴 머딘 그리고 캐나다 학생 톰 볼튼은 제각기 미첼이 말한 바로 그런 물체를 발견했어요. 강력한 엑스레이를 방출하는 보이지 않는 물체 주위로 지구에서 6,000광년 떨어져 있는 별이 궤도를 따라 돌고 있었어요. 백조자리 X-1로 이름 지어진 이 보이지 않는 물체는 이제까지 확인된 최초의 블랙홀로 간주되고 있어요.

중력파

1915년 알버트 아인슈타인은 모든 움직이는 물체의 중력은 시간과 공간에 잔물결을 일으킨다고 예측했어요. 이러한 잔물결은 중력파라고 해요. 눈에 보이진 않지만 믿을 수 없을 정도로 빨라 빛의 속도로 움직여요. 그리고 연못에 돌멩이를 던졌을 때 잔물결이 일어나듯 퍼져 나가죠.

아인슈타인은 중력파의 존재를 예측하기만 했어요. 그렇다면 과학자들은 실제로 그것이 존재한다는 사실을 어떻게 증명할 수 있었을까요? 종종 중력파가 생겨나는 사건이 벌어진다 해도 지구에서 너무 멀리 떨어져 있는 나머지 지구에 도달할 때쯤에는 감지하기 어려울 정도로 약해지거든요.

예측했던 대로

아인슈타인이 예측한지 99년 후, 한 연구팀이 최초로 실제 중력파를 감지했어요. 그 잔물결은 깊은 우주에서 충돌하는 두 개의 블랙홀에서 시작된 것이었고, 시공간에 엄청난 파문을 일으켰어요. 실제 충돌은 무려 13억 년 전에 일어났지만 중력파가 지구에 도달하기까지 그만큼의 시간이 걸린 거예요.

2017년 세 명의 미국인 과학자 라이너 바이스, 킵 손, 배리 배리시는 중력파 관측에 기여한 공로로 노벨상을 수상했어요.

완전 똑똑한 기구

우리가 중력파를 찾아낼 수 있는 건 바로 중력파 검출

장치(LIGO, 라이고) 덕분이에요.

정말 놀라울 정도로 똑똑한 장치죠. 미국의 루이지애나 주와 워싱턴 주에 있는 두 센터에서는 이 라이고 레이저를 사용하여 중력파를 통과할 때 생겨나는 시공간의 잔물결을 탐지합니다.

라이고 레이저

라이고가 있는 관측 센터에는 서로 직각을 이루는 4킬로미터 터널이 두 개 있어요. 이게 바로 간섭계예요. 중력파가 공간을 늘리거나 압축시키면, 이 변화 때문에 간섭계의 기다란 터널 길이도 같이 늘어나거나 줄어들게 되고, 이것이 간섭계의 안에 있는 레이저에 영향을 주어 빛을 깜빡이게 합니다. 만약 두 관측 센터에서 비슷한 깜빡임이 발견되면 과학자들은 이게 중력파 때문에 생긴 거라는 걸 알게 되죠.

❓ 여러분이라면?

1969년 미국의 과학자 조셉 웨버는 자신이 설계한 특수 장비를 사용해 최초의 중력파를 감지했다고 주장했어요. 하지만 아무도 그를 진지하게 받아들이지 않았어요. 왜냐하면 다른 과학자들이 그의 연구 결과를 재현하기 위해 그와 똑같은 장비를 만들었지만 결국 아무것도 감지하지 못했기 때문이죠. 웨버에게는 안타까운 일이지만 다른 누군가가 되풀이할 수 없는 발견은 증명을 할 수 없기에 무의미한 게 되어 버린답니다. 만약 여러분이 무언가를 발견했지만 아무도 여러분을 믿어 주지 않는다면 어떻게 할 것 같나요?

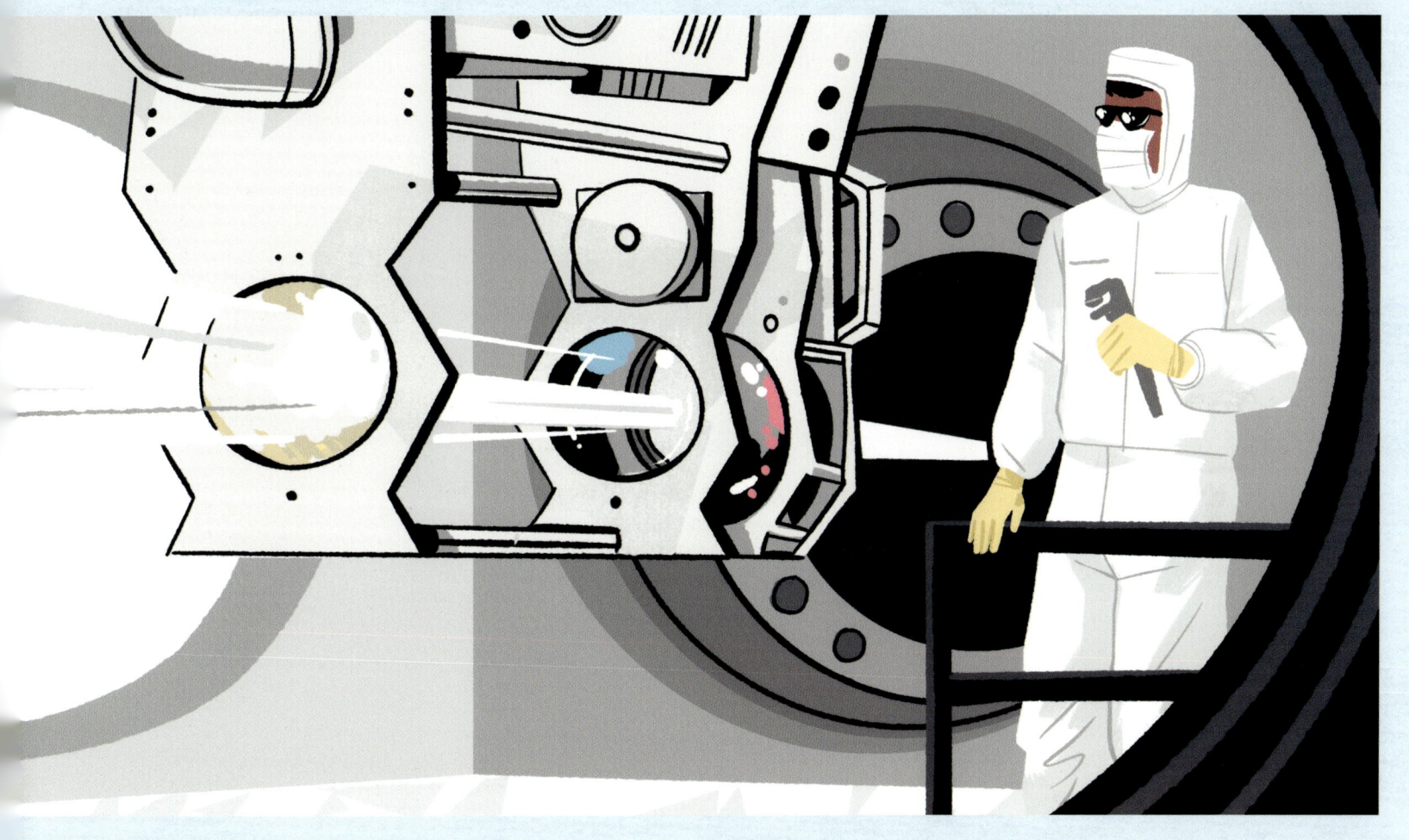

이 다음 발견은?

우리는 이 책에서 우리 주변 세계가 무엇으로 형성되어 있고, 어떻게 이루어져 있는지 설명할 수 있는 중요한 발견들을 배웠어요. 그리고 당연하게도 이 책에 담지 못한 수많은 발견들이 훨씬 더 많이 있을 거예요.

아직 우리들에겐 발견할 게 많아요. 실제로 과학자들이 풀기 위해 노력하고 있는 미스터리도 있고, 아직 상상조차 하지 못하는 것들도 있겠죠.

예를 들어 우리는 여전히 태양계 밖 우주에서 지구와 비슷한 행성 그리고 외계 생명체의 증거를 찾고 있어요. (걱정하지 마세요. 이 생명체는 레이저 총을 든 머리 둘 달린 초록 괴물보다는 곰팡이 같은 미생물의 형태일 가능성이 크니까요.) 그리고 우주론자들은 우주가 빅뱅에서부터 시작되었다고 믿고 있기는 하지만 여전히 빅뱅 이전에 무슨 일이 있었는지 단서를 찾고 있는 중이에요.

중요한 질문들

우리 행성인 지구에 관련해서도 아직 모르는 게 많아요. 우린 달 표면에 대해서는 잘 알면서도 아직 탐사조차 되지 않은 심해에 대해서는 잘 몰라요. 인간의 경우도 마찬가지예요. 과학자들은 여전히 사람이 나이를 먹

는 이유가 무엇인지, 그리고 노화를 막을 수 있는 방법이 있는지 찾으려고 애쓰고 있어요.

과학자들은 우리의 뇌나 생각을 컴퓨터 등의 기계에 저장하는 방법도 찾고 있어요. 물론 그렇게 되면 인간이란 무엇인지에 대한 중요한 질문이 제기되겠지만요. 컴퓨터의 능력은 날로 강력해지고 있어요. 하지만 이 컴퓨터가 여전히 인간을 도와줄 것인지, 아니면 언젠가 우리를 해칠 것인지도 아직 알아내지 못한 상태랍니다.

크고 작은 발견들

남아있는 발견들 중에 가장 규모가 큰 것은 아마 평행 우주를 발견하는 것이겠지요. 반대로 가장 규모가 작은 것 역시 아직 밝혀지지 않고 남아 있어요. 바로 물리학자들이 찾고 있는 액시온이라는 아원자 입자예요.

1977년 우주에서 작용하는 기본적인 힘을 설명하기 위해 이 입자의 존재가 처음 논의되었는데, 아직은 사실이라기보다는 하나의 의견으로 남아있는 상태랍니다.

남은 게 더 많아요

아직도 발견해야 할 것이 많은 것은 분명해요. 여러분이 미처 몰랐던 것들을 발견해 나가며 여러분의 삶을 살아가는 동안, 인류 역시 (왜 그런 일이 일어나는지, 또는 일어나지 않는지 답을 고민하면서) 비슷한 여정을 겪고 있다는 걸 기억하세요. 우리는 이미 셀 수 없이 많은 발견을 해 왔지만, 앞으로 우리의 미래에 다가올 발견이 분명히 더욱더 많을 거예요.

연대표

1610년

1616
윌리엄 하비가 심장의 작용으로 혈액이 몸을 순환하는 과정을 설명하다

1670년

1676
최초의 공룡 화석이 발견되었으나 거인족의 것으로 오해되다

1680년

1687
아이작 뉴턴이 운동의 법칙과 만유인력의 법칙을 책으로 출간하다

1750년

1752
벤자민 프랭클린이 천둥번개가 치는 날 연을 날려 번개의 전기적 성질을 보여주다

1800년

1800
알레산드로 볼타가 최초의 전기 배터리를 만들다

1802
토마스 영이 빛은 파동이라는 사실을 설명하다

1830년

1831
제임스 로스가 자북의 위치를 발견하다

1840년

1840
프리드리히 구스타프 야코프 헨레가 질병의 원인에 대해 세균론을 설명하다

1842
리처드 오언이 지금은 멸종된 동물의 화석을 분류하여 '공룡'이라는 이름을 붙이다

1843
에이다 러브레이스가 계산 기계가 일련의 명령, 즉 최초의 컴퓨터 프로그램을 따를 수 있다는 개념을 발표하다

1845
율리우스 로버트 폰 마이어가 광합성은 태양의 빛 에너지를 화학 에너지로 변환시키는 것이라 제안하다

1665
로버트 훅이 현미경으로 관찰한 세포 그림을 발표하다

1666
뉴턴이 프리즘을 이용해 빛을 여러 색으로 분리시키다

1660년

1747
스코틀랜드 의사 제임스 린드가 괴혈병 치료에 감귤류 과일이 효과 있음을 확인하다

1749
에밀리 뒤 샤틀레가 뉴턴의 프린키피아를 번역하고 에너지 보존에 대한 자신의 관찰을 덧붙이다

1740년

1772
다니엘 러더퍼드가 공기 중 질소를 분리하다

1774
조셉 프리스틀리가 산소를 발견하고, 몇 년 후 앙투안 라부아지에가 이름을 붙이다

1770년

1820
한스 크리스티안 외르스테드가 전자석의 존재를 증명하다

1820
프랑스 과학자가 남아메리카 나무에서 퀴닌을 분리하여 말라리아 치료와 예방에 사용하다

1822
마이클 패러데이가 최초의 전기 모터를 만들다

1820년

1858
찰스 다윈과 알프레드 러셀 월리스가 진화에 대한 아이디어를 런던에서 발표하다

1850년

1735
칼 린네가 생식 방법에 따라 식물을 분류하는 새로운 체계를 만들다

1730년

1860년

1864 제임스 클러크 맥스웰이 빛은 전자기 복사의 한 형태라고 추론하다

1865 그레고어 멘델이 완두콩을 연구하여 '형질'이라는 단위가 유전에 어떤 영향을 미치는지 보여주다

1865 제임스 클러크 맥스웰이 전자기 법칙을 발표하다

1869 드미트리 멘델레예프가 원소 주기율표를 발표하다

1900년

1901 굴리엘모 마르코니가 대서양 건너로 전파 신호를 보내다

1903 레지널드 페센든이 전파 신호를 바꾸는 법을 터득해 인간의 목소리를 방송할 수 있게 되다

1910년

1911 어니스트 러더퍼드가 원자에는 밀도가 높은 핵이 있고 핵 주위엔 전자가 돌고 있다고 말하다

1912 헨리에타 스완 리비트가 지구와 우주 물체의 거리를 계산하기 위한 세페이드 변광성을 이용하다

1912 카시미어 풍크가 음식물에서 이로운 물질을 분리하고 '비타민'이라 이름 붙이다

1912 알프레트 베게너가 지구의 대륙은 계속 움직이고 있다는 대륙 이동설을 발표하다

1915 알버트 아인슈타인이 일반 상대성 이론을 쓰다

1919 어니스트 러더퍼드가 양성자를 발견하다

1940년

1940 클로드 섀넌이 불 방식의 대수학을 이용하여 컴퓨터 프로그램을 설명하다

1944 제2차 세계 대전 동맹국을 돕기 위해 페니실린이 대량 생산되다

1950년

1953 제임스 왓슨과 프란시스 크릭이 DNA의 이중 나선 구조를 발견하다

1980년

1980 세계보건기구가 예방 접종 덕분에 천연두가 퇴치되었음을 선언하다

1886 하인리히 헤르츠가 최초의 인공 전파를 보내고 받다

1880년

1895 빌헬름 뢴트겐이 엑스레이를 발견하다

1896 앙리 베크렐이 방사능을 발견하다

1897 J. J. 톰슨이 전자를 발견하다

1898 마리 퀴리가 라듐과 폴로늄 원자를 발견하다

1899 독일의 바이엘 회사가 화학자 펠릭스 호프만이 분리한 아스피린을 시장에 내놓다

1890년

1928 알렉산더 플레밍이 우연히 항생 물질인 페니실린을 발견하다

1929 에드윈 허블이 새로운 은하인 안드로메다의 정체를 조사하고 발표하여, 우주의 크기가 한없이 커지다

1920년

1932 제임스 채드윅이 양성자와 함께 원자의 핵을 이루고 있는 중성자를 발견하다

1933 프리츠 츠비키가 우주에서 놓쳐버린 질량의 존재를 제안하고, 이를 '암흑 물질'이라고 부르다

1938 오토 프리슈와 리제 마이트너가 핵분열이 일어나는 과정을 밝혀내다

1930년

1972 최초의 블랙홀, 백조자리 X-1이 영국과 캐나다에서 동시에 발견되다

1970년

1962 레이첼 카슨이 <침묵의 봄>을 통해 살충제의 위험을 폭로하다

1964 루이스 리키가 탄자니아에서 호모 하빌리스를 발견하여 발표하다

1960년

2017 천문학자들이 1900년대 초에 그 존재를 예측했던 중력파를 찾아 그 공로로 노벨 물리학상을 수상하다

2019 코로나19 대유행이 세계를 휩쓸기 시작하면서 급속한 백신 개발이 일어나고 2020년 말부터 백신 접종이 시작되다

2010년

용어사전

공기 역학 - 움직이는 공기와 고체 사이의 상호작용에 대한 연구

광자 - 빛 또는 전자기 복사의 양자, 즉 '패킷'을 나타내는 입자

궤도 - 별 주위를 도는 행성처럼 큰 물체 주위를 도는 물체의 곡선 경로

기후 변화 - 지구 기후 패턴의 변화, 특히 화석 연료를 태우는 등의 인간 활동 때문에 일어나는 변화

논리 - 특정 주제나 문제에 대해 생각하는 논리적인 방법

대수학 - 숫자를 나타내기 위해 문자나 기호를 이용하는 수학의 형태

동식물 연구가 - 동물과 식물을 연구하는 사람

동위원소 - 원자번호는 같으나 핵에 있는 중성자 수가 다른 원자 형태

망원경 - 멀리 있는 물체를 볼 수 있게 해주는 장치

물리학 - 물질과 에너지의 성질과 특성을 연구하는 과학 분야

물질 - 공간을 차지하고 질량을 가지는 물리적 요소

박테리아 - 질병을 일으킬 수 있는 단세포 생물의 집합체

방사능 - 살아있는 생물에 해를 끼칠 수 있는 높은 에너지의 전자기파(방사선)를 방출하는 물질의 성질

번식 - 동식물이 자손을 생산하는 방식

변광성 - 밝기가 변하는 것처럼 보이는 별

병원균 - 특정한 질병을 일으킬 수 있는 미생물

분류 - 동물과 식물을 연관된 무리끼리 묶는 것

분자 - 서로 단단히 결합된 원자 그룹

살충제 - 농작물에 피해를 주는 해충을 죽이기 위해 사용하는 인공 물질

상대성 - 관찰자와 관찰된 물체의 상대적 위치에 끼치는 빛, 시간, 중력 등 물리적인 현상의 의존성

생태계 - 서로 그리고 환경과 상호작용하는 동식물 그룹

세포 - 모든 살아있는 생물을 구성하는 미세한 입자로 세포막 안에 있는 핵과 기타 물질로 이루어짐

아원자 - 원자를 구성하는 요소

양자 - 원자핵을 구성하는 작은 알갱이

에너지 - 일을 할 수 있는 능력 또는 물리적, 화학적 원천에서 비롯된 일할 힘

엑스레이 - 빛이 통과할 수 없는 물질도 통과할 수 있는 전자기파의 한 형태

연쇄 반응 - 화학 반응이 계속해서 일어나 화학 물질이 계속 생성되는 반응

엽록소 - 광합성을 위해 햇빛을 흡수하는 식물의 녹색 색소

예방 접종 - 특정한 질병의 감염을 막기 위해 몸에 어떤 물질을 주입하는 것

우주론자 - 우주의 기원과 진화를 연구하는 사람

운동 에너지 - 운동하고 있는 물체가 갖는 에너지

원소 - 화학적 수단에 의해 다른 물질로 분해될 수 없는 물질의 기본 단위

위치 에너지 - 다른 물체에 대한 상대적인 위치 때문에 또는 그 자체의 압력이나 전하 때문에 물체가 가지는 에너지

유전 - 부모가 자손에게 특질을 전달하는 생물학 과정

유전자 - 부모로부터 자손에게 전해지는 유전의 단위

은하 - 가스와 먼지로 이루어진 수백만에서 수십억 개의 별 무리

이론 - 확립된 사실을 이용하여 무언가를 설명하는 아이디어

나 아이디어 체계

이산화탄소 - 물질을 태우거나 인간이 호흡할 때 만들어지는 무색, 무취의 기체로 지구 온난화의 한 원인이 됨

이진법 - 0과 1같은 두 개의 숫자 또는 개념만 이용하는 시스템

자기 - 전하에 의해 생기는 물체 사이의 인력 또는 척력

자연 철학자 - 과거에 자연과 우주를 연구하던 사람

장기 - 심장, 폐, 뇌처럼 특정한 목적을 가진 신체 기관

전극 - 전기가 액체와 같은 물질로 들어가거나 나가는 곳

전기 - 전자와 같은 하전 입자에 의해 생성된 에너지의 형태, 물체에 저장되거나 (정전기) 전류 형태로 움직일 수 있음

전자기 - 전류 또는 전기장과 자기장 간의 상호 작용에 의해 만들어지는 현상

절개 - 해부학을 이해하기 위해 시체를 체계적으로 절단하는 것

종 - 개체가 번식하였을 때 비슷한 자손을 생산할 수 있는 동식물 무리

중성자성 - 아주 작고 아주 밀도가 높은 별

지질학자 - 지구를 이루고 있는 물질을 연구하는 사람

파장 - 전자기와 같은 현상에서 두 마루 사이의 거리, 파동의 상태로 움직임

항생제 - 박테리아 같은 미생물의 성장을 막는 약품

해부학 - 인간과 다른 생물의 신체 구조 연구

현미경 - 아주 작은 것을 볼 수 있게 만들어주는 장치

화합물 - 둘 이상의 원소로 구성된 물질

힘 - 물리적 물체에 운동이나 압력을 발생시키는 영향력 또는 움직이는 물체의 움직임을 바꾸게 하는 영향력

더 알아보기

발견
+ 여러 가지 이야기와 볼거리가 있는 영국 과학박물관 :
www.sciencemuseum.org.uk

+ 중요한 과학적 발견 및 발명과 관련한 연대표 :
www.explainthatstuff.com/timeline.html

무언가를 움직이게 하는 것
+ 아이작 뉴턴과 중력, 광학, 물리학, 수학 분야에서의 그의 발견 :
www.sirisaacnewton.info

+ 전기와 그 용도에 대한 탐구, 다른 응용 분야에서의 전기의 사용과 그 발견에 대한 이야기 :
www.explainthatstuff.com/electricity.html

생명의 구성 요소
+ '진화란 무엇인가?'라는 질문에 대한 BBC의 답변 :
www.explainthatstuff.com/electricity.html

+ 국립 인간 게놈 연구소의 유전 및 유전학의 주요 발견 연대표 :
www.genome.gov/Pages/Education/GeneticTimeline.pdf

건강하게 살기 위해
+ 런던 플로렌스 나이팅게일 박물관에 있는 플로렌스 나이팅게일에 대한 정보 :
www.florence-nightingale.co.uk/free-learning-resources

+ 1796년 첫 예방접종을 한 에드워드 제너의 집에 꾸며진 박물관의 홈페이지:
www.jennermuseum.com

+ 하버드 의과대학의 의학적 발견 연대표 :
https://hms.harvard.edu/about-hms/history-hms/timeline-discovery

슈퍼 사이언스
+ 드미트리 멘델레예프가 최초로 주기율표를 만든 과정과 주기율표가 화학 분야에 끼친 영향에 대한 BBC의 가이드 :
www.bbc.co.uk/bitesize/guides/zxmmsrd/revision/1

+ 0의 역사에 대해 설명하는 〈사이언티픽 아메리칸〉의 기사
www.scientificamerican.com/article/what-is-the-origin-of-zer/

태양에서 세 번째 행성
+ 오랜 역사에 걸쳐 대륙 이동 때문에 행성의 모양이 어떻게 변했는지 보여주는 내셔널 지오그래픽의 페이지 :
www.nationalgeographic.org/encyclopedia/continental-drift/

+ 기후 변화가 무엇인지 그리고 우리가 그것을 어떻게 실감하는지 설명해주는 나사의 페이지 :
climate.nasa.gov/evidence/

우리 행성 너머에
+ 삽화를 통해 은하에 대해 설명하는 나사의 가이드 :
www.spaceplace.nasa.gov/galaxy/en/

+ 블랙홀에 대한 내셔널 지오그래픽의 페이지 :
www.kids.nationalgeographic.com/explore/space/black-holes/

+ 중력파 이야기 그리고 라이고가 최초로 중력파를 찾아내는 데 도움을 준 이야기 :
www.spaceplace.nasa.gov/gravitational-waves/en/

찾아보기

0-9, A-Z
0(영) 66, 67
DNA 36, 37, 46, 107
J. J. 톰슨 78, 79, 107
W. 켄트 포드 98

ㄱ
가이 스튜어트 캘린더 86
갈레노스 50
갈릴레오 갈릴레이 6, 12, 14, 27
게오르크 옴 17
고트프리트 빌헬름 라이프니츠 22, 68
공기 72, 73, 106
공기역학 26, 27
공룡 42, 43, 106
과학 혁명 14, 22
광견병 52, 56
광합성 38, 39, 106
괴혈병 54, 106
굴리엘모 마르코니 25, 107
그레고어 멘델 32, 107
그레이스 호퍼 69
기후 변화 86, 87

ㄴ
나침반 11, 18
내비게이션 10, 11, 24
네티 스티븐스 33
니콜라우스 코페르니쿠스 94, 95
닐스 보어 78, 79

ㄷ
다니엘 러더퍼드 73, 106
다이언 포시 46
대륙 이동 84, 85, 107
대수학 70, 71
도로시 호지킨 55
드미트리 멘델레예프 74, 107

ㄹ
라이너 바이스 102
레이첼 카슨 88, 89, 107
레지널드 페센든 25, 107
로버트 훅 30, 31, 106
로베르트 레마크 30
로베르트 코흐 52, 53, 58
로잘린 프랭클린 36, 37
로저 보스코비치 78
루돌프 피르호 30
루이 파스퇴르 52, 53, 58
루이스 리키/메리 리키 44, 45, 46, 107
루이스 앨버레즈/월터 앨버레즈 43
루이스 웹스터 101
르네 데카르트 13, 70
리제 마이트너 74, 80, 81, 107
리처드 오언 42, 43, 106

ㅁ
마거리트 페레이 74
마리 퀴리/피에르 퀴리 74, 76, 77, 107
마리 타프 85
마리아 괴페르트 메이어 78
마이클 패러데이 17, 18, 78, 106
마저리 스톤먼 더글라스 89
마티아스 슐라이덴 30, 31
메리 시콜 59
메리 애닝 43
메리 워틀리 몬테규 56
멜빈 캘빈 38
무선 전파 24, 25
미적분학 6, 12
밀레토스의 탈레스 10

ㅂ
바버라 매클린턱 33
방사선 76, 77
배리 배리시 102
배터리 18, 106
베라 루빈 98
벤자민 톰슨 22
벤자민 프랭클린 17, 106
볼테르 22
부메랑 26, 27
분류학 40
불 논리 69, 107
브라마굽타 66, 67
블랙홀 98, 100, 101, 102, 107
비루테 갈디카스 46
비타민 54, 55, 107
비활성 기체 73, 74
빅뱅 104
빌헬름 뢴트겐 76, 107
빛 20, 21, 106, 107

ㅅ
사하치로 하타 60
산소 38, 73, 106
살리실산 63
살충제 88, 89, 107
색 21, 106
샤를 메시에 96
세균설 52, 106
세페이드 변광성 96, 97, 107
세포 30, 31, 106
셀먼 왁스먼 60
소아마비 36, 56
스반테 아레니우스 86
시공간 100, 102, 103

ㅇ
아브라함 오르텔리우스 84
아스피린 63
아이작 뉴턴 6, 12, 13, 14, 20, 21, 22, 98, 106
아차리아 핑갈라 66, 68
아편 62, 63
안드레아스 베살리우스 50
안톤 판 레벤후크 30, 31, 52, 53
알레산드로 볼타 17, 18, 106
알렉산더 폰 훔볼트 90
알렉산더 플레밍 60, 107
알버트 아인슈타인 21, 80, 100, 102, 107
알콰리즈미 66, 67, 70
알프레드 러셀 윌리스 34, 35, 106
알프레트 베게너 84, 85, 107

알하젠(이븐 알하이삼) 94
암흑 물질 98, 99, 107
앙드레, 마리 앙페르 18
앙리 베크렐 76, 107
앙투안 라부아지에 106
액시온 105
얀 밥티스타 판 헬몬트 38, 72, 73
얀 잉엔하우스 38
양성자 78, 80, 107
양자역학 21
어니스트 러더퍼드 77, 78, 79, 107
에너지 보존 22, 23, 106
에드워더 제너 56
에드윈 허블 96, 97, 107
에밀리 뒤 샤틀레 22, 106
에이다 러브레이스 68, 106
엑스레이 76, 101, 107
엑스레이 회절 36
엘리자베스 부지에 60
엘리자베스 블랙웰 59
엠페도클레스 72
영장류의 행동양식 46, 47
예방접종 52, 56, 57, 107
오토 프리슈 81, 107
오토 한 80, 81
외계 생명체 104
요하네스 케플러 94, 95
요한 안드레아스 뷔히너 63
운동법칙 14, 15
원자 폭탄 80, 81
원자설 78, 79
위생 58, 59
윌리엄 길버트 11, 16, 17
윌리엄 하비 50, 51, 106
유니스 뉴턴 푸트 87
유전 30, 32, 33, 36, 107
유전학 32, 33
율리우스 로버트 폰 마이어 38, 106
은하 96, 97, 98, 101, 107
이그나스 제멜바이스 58
이다 노다크 74
이븐 시나 52, 53
이븐 알샤티르 94, 95
이진법 66, 68
일반 상대성 이론 100, 107

ㅈ

자기장 10, 11, 18, 24
자북 11, 106
자성 10, 11
자연보호 88, 89
장 세네비에르 38
장, 바티스트 라마르크 34
전기 16, 17, 18, 80, 106
전자 16, 74, 78, 107
전자기 18, 19, 24, 76, 98, 106, 107
제임스 로스 11, 106
제임스 린드 54, 106
제임스 왓슨 36, 37, 107
제임스 채드윅 78, 79, 107
제임스 클러크 맥스웰 18, 24, 107
제임스 프레스콧 줄 22
제임스 핸슨 87
조너스 소크 56
조셉 웨버 103
조셉 프리스틀리 38, 106
조셉 헨리 18
조슬린 벨 버넬 101
조지 불 69
조지 케일리 27
조지 퀴비에 34
존 돌턴 78
존 레이 40
존 미첼 100, 101
종의 분류 40, 41, 106
주기율표 73, 74, 75, 107
중력파 102, 103, 107
중력 6, 12, 13, 98, 100, 101, 102, 103
중성자 78, 80, 81, 107
지롤라모 프라카스토로 52, 53
진통제 62, 63
진화 34, 35, 44, 45, 106

ㅊ

찰스 다윈 34, 35, 44, 46, 106
찰스 배비지 68
천연두 56, 107
초기 인류 45, 46

ㅋ

카를 슈바르츠실트 100
카시미어 풍크 55, 107
캐서린 존슨 94
컴퓨터 언어 68, 69
코로나19 팬데믹 56, 107
퀴닌 63, 106
클라우디오스 프톨레마이오스 94, 95
클로드 섀넌 69, 107
킵 손 102

ㅌ

테오도르 슈반 30, 31
테오프라스투스 40
토마스 영 20, 106
톰 볼튼 101
티코 브라헤 94

ㅍ

파울 에를리히 60
판구조론 84, 85
페니실린 60, 107
페르디난드 마젤란 11
펠릭스 호프만 63, 107
폴 머딘 101
프란시스 크릭 36, 37, 107
프리드리히 구스타프 야코프 헨레 52, 106
프리드리히 미셔 36
프리츠 츠비키 98, 107
플로렌스 나이팅게일 58
피보나치 66, 67
피에르 시몽 라플라스 98

ㅎ

하인리히 헤르츠 24, 25, 107
한스 크리스티안 외르스테드 18, 106
항생제 60, 61
해부학 50, 51
핵분열 80, 81, 107
행성 운동 94, 95
헨리에타 스완 리비트 97, 107
혈액 순환 50, 51, 106